español lengua extranjera
CURSO PRÁCTICO
ejercicios

nivel **2**

A. González Hermoso
M. Sánchez Alfaro

edelsa
GRUPO DIDASCALIA, S.A.
Plaza Ciudad de Salta, 3 - 28043 MADRID - (ESPAÑA)
TEL.: (1) 416 55 11 - FAX: (1) 416 54 11

Ejercicios gramaticales:

© Unidad 5, página 13: "Horóscopo Aries". Revista Supertele (Editorial Hachette).
© Unidad 9, página 23: Anuncio de Radio 80. M 80. Antena 3 Radio.
Página 25: Poema "Calle de Arrabal", de Dámaso Alonso. Antología del Grupo Poético de 1927. Editorial Cátedra.
© Unidad 10, página 27: Texto "Europa: Retrato con números". Periódico El País.
© Unidad 16, página 43: Poema "Playa", de Manuel Altolaguirre. Antología del Grupo Poético de 1927. Editorial Cátedra.
© Unidad 24, página 62: Texto de la campaña de prevención de accidentes de la Dirección General de Tráfico. Ministerio del Interior.
© Unidad 26, página 66: Texto "La mitad del cielo" (Drama de Gutiérrez Aragón). Revista Supertele (Editorial Hachette).
Página 67: Texto "Papa Noel", de Fietta Jarque. Periódico El País.
© Unidad 31, páginas 77 y 78: Anuncio de Guías Acento. Acento Editorial.
Página 79: Extractos del texto "Con todo respeto", de Beatriz Peña. Periódico El País.
© Unidades 32-33, página 82: Extracto de "Cómo ser una mujer y no morir en el intento", de Carmen Rico-Godoy. Ediciones Temas de hoy, Colección el Papagayo.
© Unidad 34, página 83: Extracto de "Cómo ser una mujer y no morir en el intento", de Carmen Rico-Godoy. Ediciones Temas de hoy, Colección El Papagayo.
© Unidad 35, página 88: Extracto de "El sur", de Adelaida García Morales. Editorial Anagrama.

Ejercicios comunicativos:

© Unidad 4, página 98: Anuncio de Slogan. Diset, S.A.
© Unidad 6, página 105: Anuncio de TVE. RTVE. Y anuncio de RENFE.
© Unidad 8, página 110: Anuncio de SENASA (Sociedad Estatal para las Enseñanzas Aeronáuticas).
© Unidad 9, página 113: Plano del Metro de Madrid. Patronato Municipal de Turismo.
© Unidad 10, página 116: Extracto de "Parques y jardines de Madrid" y de "Clima de Madrid", de un folleto del Patronato Municipal de Turismo de Madrid.

© A. González Hermoso, M. Sánchez Alfaro.
© EDELSA Grupo DIDASCALIA, S. A.

Primera edición: 1994
Primera reimpresión: 1995
Segunda reimpresión: 1995
Tercera reimpresión: 1997
Cuarta reimpresión: 1998

Cubierta y maquetación:
Departamento de Imagen EDELSA.
Diagramación, fotocomposición y filmación:
Servicios Editoriales Crisol S. A.

I.S.B.N.: 84-7711-074-3
Depósito legal: M-2544-1998
Imprime: Rogar.
Encuaderna: Perellón.

PRESENTACIÓN

- Estos **270 ejercicios gramaticales**

  y

  100 ejercicios comunicativos

  forman parte del **CURSO PRÁCTICO**, integrado por:

  - Una **GRAMÁTICA DE ESPAÑOL LENGUA EXTRANJERA** con dos entradas:
    - **normas**

      y
    - **recursos para la comunicación.**

  - Tres **CUADERNOS DE EJERCICIOS** en tres niveles:
    - 1. principiante,
    - 2. intermedio,
    - 3. avanzado.

  Cada capítulo tiene 10 ejercicios y remite –como lo indica su nombre y número– a capítulos correspondientes de la **GRAMÁTICA** (véase **ÍNDICE**).

  - Un cuadernillo, **CLAVES**, que contiene las soluciones a los tres niveles de ejercicios.

- **Como ejercicios de refuerzo y profundización son compatibles con otros métodos o gramáticas y también pueden utilizarse como elementos de práctica independiente.**

- Uno de sus objetivos es potenciar el autoaprendizaje.

Los autores

NIVEL 2 / ÍNDICE

Ejercicios Gramaticales

Ejercicios Comunicativos

Ejercicios gramaticales

El alfabeto.
Signos ortográficos. Reglas de acentuación

1 - **¿Cómo se escribe? Deletrea los siguientes nombres:**

a. URUGUAY ....

b. MEXICO ....

c. INGLATERRA ....

d. VENEZUELA ....

e. KENIA ....

2 - **Cuenta las sílabas de los nombres que acabas de deletrear:**

a. .... sílabas.

b. .... sílabas.

c. .... sílabas.

d. .... sílabas.

e. .... sílabas.

3 - **Escribe las siguientes palabras:**

a. ce o ene ce e be i erre ....

b. ce ele a uve e ele ....

c. erre e de u ce ce i o ene ....

d. te a equis i ....

e. pe a ese a pe o erre te e ....

4 - **Escribe la tilde en las palabras del ejercicio 3 que la necesiten y clasifícalas según su acentuación:**

a. Palabras terminadas en vocal, en N y en S, que llevan el acento tónico en la penúltima sílaba:

....

b. Palabras terminadas en consonante, excepto N y S, que llevan el acento tónico en la última sílaba:

....

c. Las demás palabras llevan tilde en la sílaba donde se encuentra el acento tónico:

....

5 - **Separa las sílabas de las siguientes palabras:**

a. Chiquillo. a. ....

b. Inmóvil. b. ....

c. Recurrir. c. ....

d. Memoria. d. ....

e. Nieve. e. ....

6.- Con ayuda del diccionario, pon diéresis en las palabras que la necesiten:

    a. Guapo.
    b. Guirnalda.
    c. Linguística.
    d. Guerra.
    e. Cigueña.

7.- Pon los signos de puntuación que falten en las siguientes frases:

    a. Me dijo por qué no vienes nunca a casa
    b. Qué frío hace hoy
    c. Entonces estando nosotros allí llegó la policía
    d. Trajeron muchos regalos perfumes bombones libros
    e. Ejercicio 4 página 3 los pronombres personales.

8.- Corrige las faltas de acentuación de las siguientes frases (puedes consultar el diccionario):

    a. ¿Estás aun en el cuarto de bañó?
    b. Para mi que esté no viene.
    c. ¿Crees que té dijo la verdád?
    d. No sé quiere venír con nosótros.
    e. Núnca está cuando le necesitámos.

9.- Señala la palabra correctamente acentuada (mira en el diccionario cuando sean palabras desconocidas para ti):

a. cancion	☐	cancíon	☐	canción	☐
b. pie	☐	pié	☐	píe	☐
c. informatica	☐	informática	☐	informaticá	☐
d. avéria	☐	averiá	☐	avería	☐
e. cuaderno	☐	cuadérno	☐	cuadernó	☐

10.- Sabiendo que el acento tónico se encuentra en la sílaba señalada, pon tilde o no en las siguientes palabras:

    a. **Jo**ven / **Jo**venes.
    b. **Re**gimen / Re**gi**menes.
    c. Cora**zon** / Cora**zo**nes.
    d. Esca**le**ra / Esca**le**ras.
    e. Navi**dad** / Navi**da**des.

4 El artículo

* Harás estos ejercicios más fácilmente si antes te lees GRAMÁTICA, Normas, Cap. 5, El nombre, pág. 30.

1 - **Pon delante de cada palabra el artículo correspondiente: El / la:**

a. ...... color.

b. ...... coliflor.

c. ...... poema.

d. ...... nieve.

e. ...... mapa.

f. ...... planeta.

g. ...... orquesta.

h. ...... tema.

i. ...... programa.

j. ...... drama.

2 - **Pon el artículo determinado, si es necesario, en estas frases:**

a. ...... Guadalquivir pasa por ...... Sevilla.

b. ..... España y ...... Portugal forman lo que se llama ...... Península Ibérica.

c. Se casó a ...... cuarenta.

d. ...... Señor Director, tenga ...... amabilidad de sentarse.

e. Ha venido a verme ...... señor Gómez.

3 - **Pon el artículo determinado o indeterminado cuando sea necesario:**

a. ...... lince ibérico está desapareciendo poco a poco.

b. ¡Buenos días, ... señorita Ibáñez!

c. ...... 10% de ...... población no votó en ...... últimas elecciones.

d. Nunca he tenido ...... amiga extranjera.

e. Hace ...... tiempo malísimo.

4 - **Completa las frases con El o Lo:**

a. ...... difícil es empezar.

b. ...... mejor sería dejarlo.

c. Se oye ...... trinar de los pájaros.

d. No le aguantan por ...... presumido que es.

e. Me gusta .... amanecer.

5 - **Elige entre Lo / Lo de / Lo que para completar las frases:**

a. Perdóname por .... ayer.

b. Eso no es .... te he dicho.

c. No veo .... complicado del asunto.

d. ¿Se acuerda de .... pasó?

e. Repíteme .... ese chico.

6.- **Corrige los errores que encuentres en las frases:**

a. El que oír música clásica es relajante.

a. ....

b. He visto a la Encarna.

b. ....

c. Son de la región de Mancha.

c. ....

d. No conozco la Italia.

d. ....

e. El dependas de algo o de alguien es absurdo.

e. ....

7.- **Trata de encontrar los artículos que hayan desaparecido de las siguientes frases:**

a. Siente .... gran cariño por él.

b. Es .... hombre más raro .... pueblo.

c. Se lleva usted .... mejor de .... mejor.

d. ¿Qué es .... que pasa?

e. Llegan .... bar y se toman .... tapas.

8.- **Completa las frases eligiendo entre El de / La de, El que / La que:**

a. ¿Qué chica? ¿ .... la derecha?

b. Aurora es .... lleva una gabardina.

c. Este es .... más me gusta.

d. ¿Te traigo el periódico? ¿...... ...... aquí?

e. ¿Te gusta este turrón o sólo .... Jijona?

9.- **Subraya el artículo correcto:**

a. Una / Un agua.

b. Un / Una idioma.

c. Un / Una telegrama.

d. Una / Un clima.

e. Un / Una tomate.

10.- **Señala la respuesta correcta y rellena los huecos:**

a. Dentro de ☐ **una** semana iremos ☐ **en el** Sur para ver toda ☐ — Granada.
   ☐ **la**   ☐ **al**   ☐ **la**

b. No he estado ni ☐ — vez en ☐ **la** América Latina.
   ☐ **una**   ☐ —

c. ☐ — España del Sur es diferente de ☐ **la** España del Norte.
   ☐ **La**   ☐ **una**

d. En ☐ — Alcarria hay ☐ **la** miel muy buena.
   ☐ **la**   ☐ **una**

e. Hoy es ☐ **el** viernes ☐ **el** 22 de diciembre.
   ☐ —   ☐ —

5 El nombre

1. Pon en femenino:

a. El hijo. ....   f. El príncipe. ....

b. El león. ....   g. El deportista. ....

c. El padre. ....   h. El campesino. ....

d. El actor. ....   i. El estudiante. ....

e. El rey. ....   j. El jugador. ....

2. Pon en masculino:

a. He conocido **a la duquesa**.   a. ....

b. Mi **esposa** está en casa.   b. ....

c. ¿Has visto a mi **mujer?**   c. ....

d. **La pintora** ha inaugurado la
exposición.   d. ....

e. Mi **cuñada** se ha ido de viaje.   e. ....

3. Pon las siguientes frases en plural:

a. Es catalán, de Barcelona.   a. ....

b. El escultor ha ganado el premio.   b. ....

c. El autobús está en la parada.   c. ....

d. Tiene que adelantar el reloj.   d. ....

e. La foto está en la pared.   e. ....

4. Pon las siguientes frases en singular:

a. No conozco las nuevas leyes.   a. ....

b. He visitado dos países extranjeros.   b. ....

c. Los niños han roto las gafas.   c. ....

d. Los profesores han explicado las
lecciones.   d. ....

e. Los albañiles traerán los materiales.   e. ....

5. Subraya el nombre correcto en cada frase:

a. Ana es cantante / cantanta.

b. Esta señora es testiga / testigo.

c. Mi hermano es artisto / artista.

d. Juan es electricista / electricisto.

e. Pilar es mi yerna / nuera.

6- Por el sentido de la frase, indica si los nombres señalados son masculinos o femeninos:

	Nombres masculinos	Nombres femeninos
a. Madrid, **capital** de España.	....	....
b. Mi **cometa** no funciona.	....	....
c. Pedro es **policía**.	....	....
d. Mucha gente murió de **cólera**.	....	....
e. Andrés quiere ser **cura**.	....	....

7- En cada una de estas series de palabras hay una extraña. Di cuál es y por qué:

a. Lago, suelo, zapato, amor, presidente, gallo, mano, rey, profeta, ojo.

a. ....

b. Hija, mujer, mesa, clima, actriz, tía, obrera, razón, coliflor, manzana.

b. ....

c. Hombres, puentes, jamones, platos, interés, barcos, países, animales, padres, libros.

c. ....

d. Parabrisas, cosas, casas, paredes, leyes, camisas, cucharas, gallinas, fuentes, ranas.

d. ....

8- Clasifica los nombres de estas profesiones en la columna correspondiente:

Médico Artista Deportista Pianista Traductor Intérprete Maestra Portero Estudiante Asistenta Doctora Pintor

Nombres masculinos	Nombres femeninos	Nombres masculinos y femeninos
....	....	....
....	....	....
....	....	....
....	....	....
....	....	....

9.- **Vuelve a poner en su sitio los nombres que se han escapado del horóscopo:**

Familia Ternura Cobros Mimos Viento Vida Palabras

ARIES   21 de marzo al 20 de abril

Este mes, se retrasarán los .... No se olvide de que las buenas .... se las lleva el .... y desconfíe de su ...., que intentará sacarle provecho. Si quiere ser realmente feliz, cambie de forma de .... Necesita muchos .... y ....

10.- **Pon una cruz en el cuadro correspondiente, o en ambos cuadros si se trata de un nombre de idéntica forma para el singular y para el plural:**

	Singular	Plural
a. Voces.	☐	☐
b. Tesis.	☐	☐
c. Tribus.	☐	☐
d. Tijeras.	☐	☐
e. Intereses.	☐	☐

6 El adjetivo

1. **Di cuáles son los contrarios (antónimos) de los siguientes adjetivos:**

a. Mayor.	a. ....
b. Inútil.	b. ....
c. Mejor.	c. ....
d. Anterior.	d. ....
e. Superior.	e. ....

2. **Intenta encontrar el adjetivo correspondiente a la definición entre los dados:**

Pelirrojo	Introvertido	Egoísta	Calvo	Tacaño

a. Nunca piensa en los demás. Es un ....

b. No le gusta gastar dinero. Es un ....

c. No le queda ni un pelo en la cabeza. Está ....

d. No es ni rubio, ni moreno, ni castaño. Es ....

e. Nunca dice lo que piensa. Es muy ....

3. **Combina los elementos de las dos columnas para hacer comparaciones:**

a. El azul me gusta   1. *que éste.*

b. El año pasado estudiaba más   2. *como éste.*

c. No eres tan alto   3. *que las casas.*

d. El otro coche no corría tanto   4. *menos que el rojo.*

e. Los pisos son más cómodos   5. *como yo.*

4. **Pon en plural:**

a. ¿Te gusta la chaqueta azul marino?

a. ....

b. No lo creo capaz de hacer eso.

b. ....

c. Acaba de llegar el alumno marroquí.

c. ....

d. Es un buen chico.

d. ....

e. ¿Conoces ya al profesor libanés?

e. ....

5. **Sustituye los adjetivos señalados por el comparativo irregular correspondiente:**

a. El **más bueno** es Miguel.

a. ....

b. Mi hermana es **más pequeña** que yo.

b. ....

c. ¿Tienes alguna caja **más grande** que ésta?

c. ....

d. Estás **más malo** que ayer.

d. ....

e. Andrés es **más pequeño** que los demás.

e. ....

6. **Elige entre los adjetivos del cuadro para completar las respuestas:**

Marrones / Azules / Verdes / Grises	Buenos / Malos
Antiguos / Modernos Grande / Pequeña	Simpáticos / Antipáticos

a. ¿Cómo es tu casa?

Mi casa es ....

b. ¿Cómo son los programas de la tele?

Los programas de la tele son ....

c. ¿Cómo son tus compañeros de clase?

Mis compañeros de clase son ....

d. ¿De qué color tienes los ojos?

Tengo los ojos ....

e. ¿Qué tipo de pisos prefieres?

Prefiero los pisos ....

7. **Haz comparaciones transformando las frases según el modelo:**

> Ej.: Paco es un chico muy gracioso. Como su hermano. ➡ Paco es **tan** gracioso **como** su hermano.

a. Come mucho. Como su padre.

a. ....

b. La película es aburrida. El libro menos.

b. ....

c. Quedan pocos pisos por alquilar. Casas, quedan más.

c. ....

d. Rafael es torpe. Pedro lo es menos.

d. ....

e. La playa del Arenal está llena de gente. Como la de la Mata.

e. ....

8.- **Sustituye las palabras señaladas por otra forma de superlativo:**

a. La empresa es de una familia **muy rica**.

a. ....

b. Estamos **muy cansados** de tanto andar.

b. ....

c. El viaje se nos ha hecho **muy largo**.

c. ....

d. Esa gente era **muy rara**.

d. ....

e. Hemos pasado un rato **muy agradable**.

e. ....

9.- **Completa con Tan / Tanto en la forma necesaria:**

a. ¡Me han puesto .... multas!
b Nunca ha habido .... ruido en clase como hoy.
c. Nunca le había visto .... nervioso.
d. En el coche no cabe .... gente.
e. ¡Tenemos .... problemas!

10.- **Señala la respuesta correcta, teniendo en cuenta la colocación del adjetivo:**

a. Es un **pobre** hombre:
   ☐ No tiene dinero.
   ☐ Es bastante desgraciado.

b. Es una casa **grande**:
   ☐ De gran tamaño.
   ☐ Famosa, importante.

c. Es un **gran** escritor:
   ☐ Muy alto.
   ☐ Muy bueno y conocido.

d. Es una familia **pobre**:
   ☐ Sin dinero.
   ☐ Que inspira compasión.

e. Ha hecho un **excelente** examen:
   ☐ Adjetivo mal colocado.
   ☐ Adjetivo colocado delante del nombre para que resalte su valor.

7 Los demostrativos

1. **Completa las frases con el adjetivo demostrativo correspondiente al adverbio de lugar (aquí, ahí, allí) utilizado:**

> Ej.: Dejo **aquí** el libro. ¡Qué interesante es **este** libro!

a. **Ahí** está la playa. ¡Qué grande es .... playa!

b. ¿Pongo los platos **aquí?** ¡Cuidado con .... platos!

c. **Allí** hay una tienda. Necesito entrar en .... tienda.

d. **Aquí** tenéis el ordenador. No sé cómo funciona .... ordenador.

e. **Allí** están construyendo un hotel. Parece que .... hotel va a ser bonito.

2. **Pon acento al pronombre demostrativo que lo necesite:**

a. Eso me parece increíble.

b. ¿Te conviene este?

c. No, prefiero aquel.

d. Yo quiero uno como ese que vimos en la tienda.

e. ¿Dónde has puesto aquellas cintas que grabé?

3. **Corrige los errores:**

a. ¿Qué vale aquella camisa de aquí?

a. ....

b. ¿A qué hora abre aquel bar de ahí?

b. ....

c. ¿Te gusta esta lámpara de allí?

c. ....

d. ¿Ves ese parque de aquí?

d. ....

e. ¿Qué hacen estos niños allí?

e. ....

4. **Completa con el adjetivo o el pronombre demostrativo adecuado:**

En el restaurante:

a. ¡Oiga, camarero, ... café está frío!

b. Por favor, ... cucharilla está sucia.

c. ¿Puede traerme un helado como .... que tienen en la mesa de al lado?

d. Póngame una cerveza como .... del otro día.

e. Pediré un menú como .... de la foto.

5. Subraya la forma correcta:

a. **Aquel / aquél** día nos lo pasamos muy bien.

b. ¿Qué es **ésto / esto** ?

c. **Esta / esa** que tiene usted aquí es más cara.

d. ¿Qué es **esto / aquello** que se ve al fondo?

e. No creo en **esa / eso** de la superstición.

6. Completa con el adjetivo o pronombre demostrativo adecuado:

a. Siempre trabajo los sábados, pero .... sábado es fiesta.

b. Nunca estaba en casa los fines de semana, pero .... me quedé.

c. Nunca bebo vino, pero .... vez haré una excepción.

d. En .... época, todas las chicas llevaban falda.

e. Todas las vacaciones las paso en el campo, pero .... me iré a la playa.

7. Enlaza los elementos de las dos columnas para formar frases:

a. ¿Puedo beber   1. *esta ciudad.*

b. ¿Vas a dormir en   2. *estas botellas al sótano.*

c. Quiero irme de   3. *en este vaso?*

d. No conozco a   4. *esa cama?*

e. Voy a bajar   5. *ese señor del que hablas.*

8. Completa con el demostrativo neutro adecuado:

a. ¿Qué has dicho? ¡No vuelvas a repetir ....!

b. ¿Recuerdas .... que me dijiste cuando nos conocimos?

c. .... se está poniendo feo. ¡Vámonos!

d. .... que te digo no se lo cuentes a nadie.

e. ¡Niños, ... no se toca!

9. Haz frases con los adjetivos demostrativos y los adverbios de lugar adecuados, teniendo en cuenta la distancia de la persona respecto al objeto de que se habla:

> Ej.: Tengo un lápiz en la mano. ➠ Es **este** lápiz de **aquí**.

a. A lo lejos, veo árboles.

a. Son ....

b. Los niños de al lado hacen ruido.

b. Son ....

c. El libro está muy arriba, no alcanzo.

c. Es ....

d. Leo una revista.

d. Es ....

e. Desde el avión, se divisa la ciudad.

e. Es ....

10.- **Completa las frases utilizando un demostrativo adecuado:**

a. ¿Cómo me sienta .... vestido?

b. .... semana no he podido ir a clase.

c. .... país no me gustó nada.

d. ¡Suelta ahora mismo .... jarrón!

e. .... chica no me cae bien.

8 Los posesivos

1. Subraya la forma correcta:

a. Me hacen daño **mis / los** zapatos.

b. Me he torcido **el / mi** tobillo.

c. Tengo **las / mis** dudas.

d. Entren, siéntense, están Vds. en **su / la** casa.

e. Estos son **los / mis** hijos.

2. Completa con el pronombre posesivo correspondiente a las palabras señaladas:

a. ¿De quién es ese disco? Es **de Javier**. Es ....

b ¿De quiénes son estas carteras? Son **de mis primos**. Son ....

c. ¿De quién es este despacho? Es **del director**. Es ....

d. ¿De quién es esa chaqueta? Es **del profesor**. Es ....

e. ¿De quiénes son aquellas mesas? **Son de las maestras**. Son ....

3. Completa las frases utilizando el adjetivo o el pronombre posesivo que corresponda:

a ¡Hola, Felipe!, ¿qué tal .... trabajo?
— Bien, gracias, ¿y el ....?

b. ¿Has preparado ya .... cosas?
— Sí, ¿y tú las ....?

c. Venga Vd. mañana a .... casa.
— Pero no tengo .... dirección.

d. ¿Me prestáis .... radio?
— No puede ser, la .... está estropeada.

e Señora, ¿estudia .... hijo en la Facultad?
— No, ¿y el ....?

4. Relaciona los elementos de las dos columnas:

a. Éste no es mi bolígrafo.

b. Aquéllos no son mis perros.

c. Éstas no son sus postales.

d. Ésos no son nuestros libros.

e. Ése no es su profesor.

1. *Los nuestros están más nuevos.*

2. *El suyo lleva barba.*

3. *El mío es rojo.*

4. *Las suyas son de Austria.*

5. *Los míos están encerrados.*

5. **Completa las frases con el pronombre posesivo que convenga:**

> Ej.: Puedes grabar tu propia música. ⟹ **La tuya**.

a. Puedes hacer copias digitales de tu CD favorito. ....
b. Puedes crear tu selección. ....
c. Puedes elegir títulos de tus artistas favoritos. ....
d. Puedes oírlos en tu aparato de casa. ....
e. Tendrás acceso directo a tus canciones favoritas. ....

6. **Pon el adjetivo posesivo que corresponda:**

a. Somos rubios.
b. Sois ingleses.
c. Viven en Córdoba.
d. Nací en Cádiz.
e. Eres aficionado al fútbol.

a. .... pelo es rubio.
b. .... país es Inglaterra.
c. .... ciudad es Córdoba.
d. .... ciudad natal es Cádiz.
e. .... afición es el fútbol.

7. **Completa las frases con el pronombre posesivo adecuado:**

a. Ana, me parece que mi método es mejor que ....
b. Señor Ibáñez, nuestra instalación es tan buena como ....
c. Queridos padres: mis problemas no son tan graves como..................... .
d. Señores, ya saben nuestra opinión. Escuchemos ahora ....
e. No te compares conmigo: tu caso no es tan grave como ....

8. **Completa el diálogo entre este matrimonio y el recepcionista de un hotel con el posesivo adecuado:**

M. Por favor, ¿cuál es .... habitación?
R. .... habitación es la 302.
M. ¿Y la de .... hijos?
R. La .... es la 304. ¿Puede dejarme el DNI, por favor?
M. *(El marido a la mujer).* Ana, no llevo el ...., ¿llevas tú el ....?

9. **Corrige los errores que encuentres en las frases:**

a. Os confieso que en mi banco no son tan amables como en el nuestro.
a. ....

b. Estos señores piensan que nuestros programas son menos interesantes que suyos.
b. ....

c. ¿Quieres probar mi coche? Me parece que es menos potente que el tu.
c. ....

d. ¿Y yo, qué? Tus problemas siempre te han preocupado más que las mías.

d. ....

e. Gonzalo, me alegro de que mis hijas y las tus sean buenas amigas.

e. ....

10. Elige entre *mío* / *tuyo* / *suyo* para completar las frases:

a. Los niños han comido lo ....
b. ¿Que qué me gusta? Lo .... es la pintura.
c. Tú, métete en lo ....
d. ¡Dios ...., qué susto!
e. He aguantado lo ....

9 Los pronombres personales

1.- Completa este anuncio con los pronombres personales que le faltan:

| Te | Lo | Te | Se | Te | Tú | Te | Sí | Lo |

> ## Radio 80 Serie Oro. Cadena Minuto
>
> Dos grandes de la radio ...... han unido para siempre y han puesto ...... mejor de
> ...... para que nazca la mejor radio. La que ...... ofrece la mejor música. La que
> .... programarías. La que ...... anticipa los que van a ser éxitos y ...... recuer-
> da los que siempre ...... fueron. La que tiene un estilo que mucha gente tiene.
> La radio que faltaba acaba de nacer. Es fruto de la pasión. Por la música.
>
> *M 80 FM Serie Oro. Pasión por la música.*

2.- Corrige los pronombres personales que no sean correctos:

a. A él no se gusta esta ciudad.   a...

b. A ti os duele la cabeza.   b...

c. A yo me gusta bailar.   c. ....

d. A Vds. nos esperan a la salida.   d...

e. A nosotros nos llaman por teléfono.   e. ....

f. A vosotras les hacen un favor.   f..

3.- Pon el pronombre personal en la forma que corresponda:

a. ¿Ha venido tu hermano con (tú) ....?

b. Lo he hecho por (tú) ....

c. No quiere oír hablar de (yo) ....

d. Nos vamos sin (vosotros) ....

e. Todos vienen, hasta (ellas) ....

4.- Ordena los elementos de las siguientes frases, colocando los pronombres de forma enclítica cuando ello sea posible:

a. Todo / lo / he / se / dicho.

a. ....

b. Mandar / me / te / olvidó / se / las.

b. ....

c. Se / escribe / mismo / ahora / lo.

c. ....

d. ¿Bien / las / que / parece / invite / te?

d. ....

e. ¿Vienen / nosotros / se / con?

e. ....

5 - Sustituye los nombres señalados por los pronombres adecuados:

a. Quiero comprarle **unos pantalones al niño**.

a ....

b. Pensamos traernos **los muebles** aquí.

b. ....

c. Tiene que dejar **la habitación** a las 12.

c. ....

d. Cuéntale **a tu padre lo que pasó**.

d ....

e. Quítate **el abrigo**.

e. ....

6 - Señala la forma correcta:

a. No podemos comer: ☐ **le nos** ha quemado la comida.
   ☐ **tú nos**
   ☐ **se nos**

b. Quieren estar con ☐ **sí**.
   ☐ **él**
   ☐ **ello**

c. Puede Vd. ☐ **probárlela**.
   ☐ **probársela**
   ☐ **probártela**

d. ¿No queríais tarta? ¡Pues ☐ **comédosla**!
   ☐ **cómansela**
   ☐ **coméosla**

e. ¿Señora Pérez? ☐ **La** llaman por teléfono.
   ☐ **Le**
   ☐ **Lo**

7 - Elige el verbo adecuado, poniéndolo en presente para completar las frases:

a. Estos dos niños .... mucho. (Pelear / Pelearse).

b. Lola .... en la oficina hasta muy tarde. (Quedar / Quedarse).

c. No lleva paraguas y .... (Calar / Calarse).

d. Juan .... todo el zumo. (Beber / Beberse).

e. Todos .... de él. (Reír / Reírse).

8.- **Completa las frases con el pronombre que corresponda:**

a. (A tu amiga) ...... prestas discos.

b. (A mis hermanas) ...... trajeron muchos regalos.

c. (A nosotros) ...... hicieron un examen.

d. (A ti) ...... han puesto una multa.

e. (A Luis) ...... han robado el coche.

f. (A esos señores) no ...... reserven habitación.

9.- **Transforma las frases del ejercicio 8 según el modelo:**

> Ej.: a. Le prestas **discos** ➡ **Se los** prestas.

b. ....

c. ....

d. ....

e. ....

f. ....

10.- **Completa este poema con los pronombres personales que le faltan:**

La	Ellas	Me	Se	Se	Ellas

CALLE DE ARRABAL

.... quedó en lo hondo
una visión tan clara,
que tengo que entornar los ojos cuando
pretendo recordar ....

... Las sábanas,
aún goteantes, penden
de todas las ventanas.
El viento juega con el sol en ....
y .... ríen del juego y de la gracia.

Y hay las niñas bonitas
que .... peinan al aire libre...

Poemas puros. Poemillas de la ciudad.
Dámaso Alonso

10 Los numerales

1. Da el número cardinal correspondiente a los siguientes ordinales:

a. Vigésimo.   a. ....

b. Duodécimo.   b. ....

c. Undécimo.   c. ....

d. Decimonoveno.   d. ....

e. Centésimo.   e. ....

2. Escribe con letra los ordinales correspondientes a los cardinales indicados:

a. Mi grupo quedó en 2 lugar.   a. ....

b. Ella fue la 1.   b. ....

c. Vive en el 3 piso.   c. ....

d. Dio a luz al 7 mes de embarazo.   d. ....

e. Dejó de estudiar piano en 4 curso.   e. ....

3. Pon la conjunción Y cuando sea necesaria:

a. Me debe Vd. dos mil novecientas cincuenta pesetas.

b. Vinieron noventa ocho personas a la fiesta.

c. Éramos un grupo de cuarenta siete deportistas.

d. Le tocó un millón novecientas mil pesetas en la lotería.

e. El resultado es: doscientos cincuenta tres mil ochocientos setenta dos.

4. Escribe con números las cifras del ejercicio anterior:

a. ....

b. ....

c. ....

d. ....

e. ....

5. Corrige los errores:

a. Hace sólo uno año que vivo aquí.

a. ....

b. Eso cuesta cinco mil quinientos pesetas.

b. ....

c. Aquí hay unos ochentos alumnos.

c. ....

d. ¿Dónde? ¿En el primero curso?

d. ....

e. Estoy en tercer de Derecho.

e. ....

6.- Completa con Ciento o Cien en la forma adecuada:

a. Había .... de manifestantes.

b. Serían unas .... personas.

c. Ya llevo apuntados a .... y pico concursantes.

d. Tengo .... mil pesetas ahorradas.

e. Un setenta por .... de la población no sale del país durante las vacaciones.

7.- Lee el texto:

EUROPA: RETRATO CON NÚMEROS

ALEMANIA

El que más extranjeros tiene en su territorio (4,5 millones), mayor número de museos (2.020), bibliotecas públicas (11.500) y libros publicados (66.000 por año), mayor consumo de cerveza (144 litros por persona) y el que más visita al médico (11,5 veces al año).

BÉLGICA

El país que alberga las instituciones comunitarias tiene la mayor densidad de farmacias (112 por cada 100.000 habitantes), familias monoparentales (7,2%), accidentes de circulación (15,5 por cada 1.000 coches), gatos (25% de las casas) y días festivos nacionales (11 al año).

DINAMARCA

Mayor índice de mortalidad (11,6 cada 1.000 habitantes), de suicidios (26,8 cada 100.000) y consumo de cerdo (66 kilos por persona). El número mayor de protestantes (74%), parejas sin casarse (13%) y nacimientos fuera del matrimonio (45%).

ESPAÑA

Mayor número de médicos (338 por cada 100.000 habitantes), horas delante del televisor (214 minutos al día), de policías (4,3 por cada 1.000 habitantes), de horas de sol (2.600 horas al año), de flota (2.350 barcos) y de contratos temporales (22%).

FRANCIA

Los primeros en consumo de medicamentos, proporción de funcionarios (16%), casos de sida (17,3 por cada 100.000), cines (5.063) y de producciones cinematográficas (133), casinos (138), esperanza de vida femenina (80,7 años) y consumo de alcohol.

GRECIA

Ganan a todos en número de islas, petroleros (297), consumo de queso (23 por habitante), fumadores (43%), ortodoxos (97%), consumo de frutas y legumbres (76 kilos y 195 kilos por habitante). Tienen el servicio militar más largo (21 a 25 meses).

HOLANDA

Mayor densidad de población (352 habitantes por kilómetro cuadrado), trabajo a tiempo parcial (30,4%), posesión de barcos de recreo (27 por cada 1.000 habitantes), en consumo de cítricos, esperanza de vida de los hombres (73,7 años) y compra de discos compactos.

IRLANDA

Los más religiosos (86% una práctica semanal), interesados por el cine (3,3 veces a la semana) y por el deporte (48%). La mayor proporción de familias numerosas, de superficie agrícola (81%), de perros (45% de las familias) y de fecundidad (2,11 hijos por mujer).

ITALIA

Mayor porcentaje de católicos (93%), consumo de cereales (117 kilos por habitante), impuestos sobre la gasolina (78%), cadenas de televisión (940), hijos entre 15 y 24 años en casa de sus padres (91%) y mayor tasa de fecundidad (1,29 hijos por mujer).

LUXEMBURGO

Mayor número de lenguas oficiales (3), emisiones de CO_2 (6,5 toneladas por habitante), proporción de extranjeros (25% de la población), lavadoras (97%) y lavavajillas (48%). Los más satisfechos por su modo de vida (97%) y por la democracia (82%).

PORTUGAL

Campeones de las vacaciones escolares, el analfabetismo (16%), consumo de pescado (43 kilos por habitante), densidad de tiendas de alimentación (4,1 por cada 1.000 habitantes), mejor temperatura media (16º) y mortalidad infantil (12,2%).

REINO UNIDO

Números uno en premios Nobel científicos (63), aviones civiles (164), uso de anticonceptivos (83% de las parejas), consumo de azúcar (45 kilos por habitante), inversiones en el exterior (1,68 billones de pesetas) y victorias en Copa Davis (9).

Según estas estadísticas, contesta a las siguientes preguntas (escribe siempre los números con letra en este ejercicio y en los tres siguientes):

a. ¿En qué país hay más horas de sol? ¿Cuántas?

a. ....

b. ¿Hay muchos médicos en España? ¿Cuántos?

b. ....

c. Hay quien piensa que los españoles ven poco la televisión, ¿es cierto?

c. ....

d ¿Con cuántos barcos cuenta la flota española?

d. ....

e. ¿Qué tal andamos los españoles de policías?

e. ....

8 - Vamos ahora con la gastronomía europea. Lee atentamente el texto y contesta:

a. ¿Qué país consume el mayor número de cereales? ¿Cuántos?

a. ....

b. ¿Y el mayor número de azúcar? ¿Cuánto?

b. ....

c. ¿Dónde se bebe más cerveza? ¿Cuánta?

c. ....

d. ¿Quiénes son los reyes del consumo de cerdo? ¿Cuánto consumen?

d. ....

e. ¿Cuántos kilos de pescado por habitante consumen los portugueses?

e. ....

9 - Demos ahora un repaso a la vida cultural:

a ¿Qué país es el número uno en Premios Nobel científicos? ¿Cuántos?

a. ....

b. ¿Quiénes son los que más veces van al cine? ¿Cuántas?

b. ....

c. ¿Cuál es el país con mayor número de producciones cinematográficas?

c. ....

d. ¿Dónde hay más museos? ¿Cuántos?

d. ....

e. ¿Cuántas bibliotecas públicas hay en Alemania?

e. ....

10.- Curiosidades:

a. ¿Qué porcentaje de casas belgas tienen gatos?

a. ....

b. ¿Y perros? ¿Quién tiene más perros? ¿Qué porcentaje?

b. ....

c. ¿Qué país tiene más cadenas de televisión? ¿Cuántas?

c. ....

d. ¿Cuánto dura el servicio militar griego?

d. ....

e. ¿Dónde hay más cines? ¿Cuántos?

e. ....

11 Los indefinidos

1. **Completa el diálogo con el indefinido adecuado:**

Esteban: ¿Tienes .... fresco de beber?
Carmen: No, no me queda ....
Esteban: ¿Ni siquiera .... zumo?
Carmen: No, ...
Esteban: ¿.............. puede hacer el favor de ir a por .... bebida fresca?

2. **Corrige los errores:**

a. Nunca he visto a alguien tan seguro de sí propio.
a. ....
b. Alguien de ellos lo habrá dicho.
b. ....
c. Han querido tomar nada.
c. ....
d. ¿Te apetece una otra taza de té?
d. ....
e. ¿Hablas alguna idioma extranjero?
e. ....

3. **Señala la respuesta correcta:**

a. ¿Le queda ☐ **algunas entradas**?
    ☐ **alguna entrada**
    ☐ **algún entrada**

b. No, no me queda ☐ **ninguna**.
    ☐ **ningunas**
    ☐ **ningún**

c. Se esperan a ☐ **algunas** cincuenta personas.
    ☐ **algo de**
    ☐ **unas**

d. ¿Has oído ☐ **una vez** esa canción?
    ☐ **alguna vez**
    ☐ **algunas veces**

e. ¡No, de ☐ **ningunos modos**!
    ☐ **algún modo**
    ☐ **ningún modo**

4.- **Subraya el indefinido adecuado:**

a. **Alguien / Algunos** no quieren hacer el más mínimo esfuerzo.

b. ¿**Alguna / Alguien** de estas periodistas hizo la entrevista?

c. ¿Ha preguntado **alguien / alguno** por mí?

d. ¿**Alguien / Alguno** de sus hijos está enfermo?

e. Dijo que era **alguno / alguien** que trabajaba antes contigo.

5.- **¿Diferentes / Diversos / Varios? Utiliza el o los indefinidos que más adecuados te parezcan para completar las frases:**

a. Tienen.............. hijos.

b. No se parecen en nada; son muy.............. .

c. ¡Ah! Eso es.............. .

d. Vendrán.............. personalidades.

e. En este departamento trabajan .... mujeres.

6.- **Pon el artículo que convenga ante el indefinido Demás cuando sea necesario:**

a. Cenaremos con mis abuelos, mis tíos y .... demás familia.

b. No he podido entender .... demás.

c. ¿Y .... demás? ¿Es que no vienen?

d. Ahora sólo piensa en su trabajo; .... demás le da igual.

e. Juan, Antonio y .... demás jugadores del equipo, están al llegar.

7.- **Sustituye Demás por Otro (en la forma adecuada) cuando ello sea posible en las frases del ejercicio 6:**

a. ....

b. ....

c. ....

d. ....

e. ....

8.- **Completa las frases con los indefinidos dados:**

Mismo Tal Igual Semejante Propio

a. Lo presenció él ....

b. Me ha dado recuerdos para ti una .... María.

c. No me gusta relacionarme con .... tipo de gente.

d. ¡Siempre estás .... !

e. El .... alcalde tuvo que intervenir en el asunto.

9. Trata de encontrar un indefinido que exprese distribución o indiferencia para cada una de las siguientes frases:

    a. Que .... uno se siente en su sitio.

    b. ¡Eso lo sabe .... !

    c. Ese no es un libro ....

    d. ¡Volverá a .... hora!

    e. .... vez que oye esa música, se pone a bailar.

10. Completa ahora estas frases con un indefinido que exprese cantidad o intensidad:

    a. Sólo ha aprobado unas .... asignaturas.

    b. Es que no estudia ....

    c. Se ha comido .... el arroz.

    d. Con tanto abuso, ... se vuelve desconfiado.

    e. .... esfuerzo merece ser recompensado.

Pronombres relativos.
Interrogativos y exclamativos

1. **Transforma en oraciones de relativo:**

> Ej.: Hemos reservado una habitación. La habitación es para 4.
> ➠ La habitación **que** hemos reservado es para 4.

a. Estrenaron una obra de teatro. La obra de teatro fue todo un éxito.

a. ....

b. El autobús sale para Barcelona. El autobús lleva media hora de retraso.

b. ....

c. Los empleados estaban descontentos. Los empleados querían ver al director.

c. ....

d. Los alumnos aprobaron. Los alumnos fueron juntos a celebrarlo.

d. ....

e. Me encontré una cartera. La cartera era de mi vecino.

e. ....

2. **Completa las frases con Que / Quien / Quienes:**

a. Las personas a .... se lo dije guardaron bien el secreto.
b. Con ella es con .... me gustaría ir.
c. ¿Le has hecho el favor .... te pidió?
d. ¿Ha sido Vd. .... ha llamado hace un momento?
e. .... no esté seguro, que no conteste.

3. **Di si las siguientes afirmaciones se refieren al todo (especificativas) o a una parte (explicativas):**

	Todo	Parte
a. Devolví los pantalones que no me venían.	☐	☐
b. Clasifiqué los apuntes, que estaban mezclados.	☐	☐
c. Tiré las flores, que estaban marchitas.	☐	☐
d. Regué las plantas que estaban secas.	☐	☐
e. Puse las películas de Hitchcock que no había visto.	☐	☐

4. **Sustituye Lo que por Cuanto en las frases en las que ello sea posible:**

a. Luego me contarás todo lo que te hayan dicho.

a. ....

b. ¿Es esto lo que busca?

b. ....

c. Lo que pasa es que no quiere vernos.

c. ....

d. Puedes llevarte lo que quieras.

d. ....

e. Te he comprado todo lo que necesitabas.

e. ....

5. Completa las frases con el relativo adecuado:

a. Es el matrimonio en .... casa tuvo lugar la reunión de vecinos.
b. Ni siquiera me ha contestado, ... me parece de malísima educación.
c. Estos pendientes son .... me regaló Ricardo.
d. Mi prima, de .... te acordarás, ya ha terminado la carrera.
e. Tomás, a .... padres conoces, se va al extranjero.

6. Mismo ejercicio que el anterior:

a. El hombre .... foto publicaron los periódicos resultó ser inocente.
b. .... hacen no me parece honrado.
c. El niño .... padre grita parece asustado.
d. Carmen, a .... no he visto desde hace días, pasará hoy.
e. ¿Es este diccionario .... necesitas?

7. Pon una preposición delante del relativo cuando sea necesario:

a. .... las que ayudaron se les hizo algún regalo.
b. La carretera .... la cual habéis venido no es muy buena.
c. Rosa, ... cuyo padre te dio clase, también es profesora.
d. Prepararon mucha comida, ... la cual sobró más de la mitad.
e. No pudimos tratar .... todo cuanto planteaba problemas.

8. Señala la o las respuestas correctas:

a. ☐ ¿**La cuál** de las dos te gusta más?
☐ **Qué**
☐ **Cuál**

b. ¿En ☐ **cuáles** sitios has estado?
☐ **qué**
☐ **los qué**

c. ¿☐ **Cuánto** vale ese reloj?
☐ **Qué**
☐ **Como qué**

d. ¿□ **Cuála** habitación prefieres?

    □ **Qué**

    □ **Cuál**

e. ¿Por □ **qué** razón lo has hecho?

      □ **quién**

      □ **cuál**

9. Trata de encontrar el pronombre interrogativo adecuado para estas frases:

a. ¿Con .... vas a salir esta noche?

b. ¿En .... quedamos?

c. ¿Por .... me saldría el arreglo?

d. ¿ .... de ellos has elegido?

e. ¿ .... hora será?

10. Formula una frase exclamativa con ¡Qué / Quién / Cuánto! para cada una de las siguientes situaciones:

> Ej.: Le ha dado mucha vergüenza hablar en clase.
> ➡ **¡Qué** vergüenza le ha dado hablar en clase!

a. Había mucha gente en el cine.

a. ....

b. Me gustaría poder ir a esa fiesta.

b. ....

c. Se ha llevado un buen premio.

c. ....

d. Tengo mucho frío.

d. ....

e. Esa chica es una cursi.

e. ....

13-14 *A* pócope. Diminutivos y aumentativos

1 - Corrige los errores:

a. Estaban descansando tranquilamente y confortablemente.

a. ....

b. Este libro está reciente publicado.

b. ....

c. He estado tantas veces en Madrid como en Barcelona.

c. ....

d. No soy tanto ingenuo como tú.

d. ....

e. Eso lo puede hacer cualquiera.

e. ....

2 - Completa las frases con las palabras del cuadro, utilizándolas en sus formas apocopadas cuando ello sea necesario:

Cualquiera	Tanto	Malo	Primero	Ciento

a. Mi hijo es muy listo: va el .... de la clase.

b. Las prácticas se pueden hacer en .... Instituto.

c. Estás muy cansado: no corras ....

d. Serán unos .... opositores.

e. No hagas eso: está muy ....

3 - Señala la forma correcta:

a. Se cayó desde el □ **tercero** piso.
    □ **tercer**

b. Viven en □ **Santo** Domingo.
    □ **San**

c. ¿Tienes □ **algún** disco de Joaquín Sabina?
    □ **alguno**

d. No, no tengo □ **ningún**.
    □ **ninguno**

e. Participaron □ **ciento** ochenta personas en el concurso.
    □ **cien**

4. **Di de qué palabras derivan los siguientes diminutivos:**

a. Quietecito.   a. ....
b. Poquito.   b. ....
c. Chiquillos.   c. ....
d. Granito.   d. ....
e. Boquita.   e. ....

5. **Da los diminutivos de las siguientes palabras:**

a. Pie.   a. ....
b. Color.   b. ....
c. Hombre.   c. ....
d. Mujer.   d. ....
e. Piedra.   e. ....

6. **Con ayuda del diccionario, di si las siguientes palabras son diminutivos o no:**

a. Federico.   a. ....
b. Mirilla.   b. ....
c. Mosquito.   c. ....
d. Pueblecito.   d. ....
e. Rabillo.   e. ....

7. **Enlaza los siguientes diminutivos con sus correspondientes nombres propios:**

a. Pepe.   1. *Dolores.*
b. Lola.   2. *Concepción.*
c. Paco.   3. *Manuel.*
d. Concha.   4. *José.*
e. Manolo.   5. *Francisco.*

8. **Di qué indican los siguientes sufijos:**

	Menosprecio	Mayor cantidad
a. Mujerzuela.	☐	☐
b. Buenazo.	☐	☐
c. Tomazo.	☐	☐
d. Populacho.	☐	☐
e. Grandote.	☐	☐

9. **Da el aumentativo de:**

a. Fuerte.   a. ....

b. Piso.   b. ....

c. Ojos.   c. ....

d. Casa.   d. ....

e. Gordo.   e. ....

10. **Di a qué palabras de las que figuran en el cuadro corresponden las siguientes definiciones:**

| Manotazo | Cosucha | Solterón | Telefonazo | Palabrota |

a. Un hombre mayor y que no está casado es un ....

b. Una llamada telefónica es un ....

c. Un golpe dado con la mano es un ....

d. Un taco o palabra malsonante es una ....

e. Una cosa insignificante y más bien fea es una ....

15 La conjugación regular

1. Pon en imperfecto de indicativo:

a. Cuando termina el trabajo, escribe poemas.

a. ....

b. Viajan en avión y así tardan menos.

b. ....

c. Al mismo tiempo que escucho la radio, leo.

c. ....

d. Llamamos a la puerta y no abre nadie.

d. ....

e. Cantan y bailan estupendamente.

e. ....

2. Ahora pon las mismas frases en pretérito indefinido:

a. ....

b. ....

c. ....

d. ....

e. ....

3. Y ahora en pretérito perfecto:

a. ....

b. ....

c. ....

d. ....

e. ....

4. Pon en presente:

a. Le aconsejé que estudiara.

a. ....

b. Temimos que nos delatara.

b. ....

c. Necesitaste que te enseñaran.

c. ....

d. ¿Nos mandaste que compráramos algo?

d. ....

e. Nos ordenaron que calláramos.

e. ....

5. Señala la forma verbal correcta:

a. Y ahora, ☐ **admirar** Vds. nuestra nueva obra de arte.
    ☐ **admiran**
    ☐ **admiren**

b. Por favor, señor, no ☐ **moleste**.
    ☐ **molesta**
    ☐ **molestad**

c. ☐ **Escribe** juntos la carta.
    ☐ **Escribamos**
    ☐ **Escribiré**

d. ¡☐ **Bebed** más despacio, niños!
    ☐ **Beban**
    ☐ **Bebáis**

e. ☐ **Tome**, Juan, el dinero que te debía.
    ☐ **Tomad**
    ☐ **Toma**

6. Subraya todos los tiempos que pertenezcan al subjuntivo:

Comed	Escribirán	Lean	Hablas	Preparase	Tapara
Llegaríamos	Cerré	Haya venido	Toma	Abras	

7. Forma los siguientes tiempos en la persona indicada:

	Presente de Subjuntivo	Imperfecto de Subjuntivo
a. Bailar (nosotros).	....	....
b. Escuchar (ellos).	....	....
c. Meter (yo).	....	....
d. Abrir (él).	....	....
e. Preparar (tú).	....	....

8. Pon los infinitivos dados en el mismo tiempo y persona que el modelo:

a. Batiendo.	a. *Pesar:* ....
b. Temiera o temiese.	b. *Vivir:* ....
c. Hayan saltado.	c. *Leer:* ....
d. Comed.	d. *Escuchar:* ....
e. Charléis.	e. *Correr:* ....

9.- **Pon en el tiempo correspondiente del subjuntivo los siguientes tiempos del indicativo:**

Indicativo   **Subjuntivo**

a. Escribo.   a. ....

b. Hemos salido.   b. ....

c. Miraban.   c. ....

d. Cantará.   d. ....

e. Comías.   e. ....

10.- **Escribe los infinitivos de las siguientes formas verbales:**

a. Pasaríamos.   a. ....

b. Escribiera.   b. ....

c. Esperemos.   c. ....

d. Hayamos llegado.   d. ....

e. Saltando.   e. ....

16 La conjugación irregular

1. Completa el presente de subjuntivo de los siguientes verbos:

Atravesar	Morder	Preferir
Atraviese	....	....
....	....	....
....	....	Prefiera
....	Mordamos	....
....	....	....
Atraviesen	....	....

2. Transforma según el modelo:

> Ej.: Ven a disfrutar. ➡ Disfruta.

a. Venga a jugar.   a. ....
b. Ven a divertirte.   b. ....
c. Vengan a conocer.   c. ....
d. Venid a soñar.   d. ....
e. Venga a contribuir.   e. ....

3. Pon los imperativos obtenidos en el ejercicio 2 en forma negativa:

a. ....
b. ....
c. ....
d. ....
e. ....

4. Escribe la primera persona del singular de los tiempos indicados:

	Pret. Indefinido	Imperf. de Subjuntivo	Gerundio
a. Venir.	....	....	....
b. Poder.	....	....	....
c. Pedir.	....	....	....
d. Referir.	....	....	....
e. Influir.	....	....	....

5. **Y ahora la segunda persona del singular:**

	Presente de Subjuntivo	Imperativo
a. Haber.	....	....
b. Ir.	....	....
c. Ser.	....	....
d. Repetir.	....	....
e. Aparecer.	....	....

6. **Completa este poema como te indican los números:**

PLAYA

Las barcas de dos en dos,
como sandalias del viento
....1.... a secar al sol.

Yo y mi sombra, ángulo recto.
Yo y mi sombra, libro ..2... .

Sobre la arena ..3...
como despojo del mar
..4... un niño ..5... .

Yo y mi sombra, ángulo recto.
Yo y mi sombra, libro ..2... .

Y más allá, pescadores
..6... de las maromas
amarillas y salobres.

Yo y mi sombra, ángulo recto.
Yo y mi sombra, libro ..2... .

Manuel Altolaguirre

1. Poner: *Participio.*
2. Abrir: *Participio.*
3. Tender: *Participio.*
4. Encontrarse: *Presente de Indicativo.*
5. Dormir: *Participio.*
6. Tirar: *Gerundio.*

7. Continúa las series dando tres ejemplos más para cada una de ellas:

a. Confesar, atravesar, ...
b. Volver, retorcer, ...
c. Crecer, merecer, ...
d. Destituir, retribuir, ...
e. Advertir, convertir, ...

8. Escribe el infinitivo de los siguientes participios:

a. Suspenso.   a. ....
b. Opreso.   b. ....
c. Abstracto.   c. ....
d. Frito.   d. ....
e. Corrupto.   e. ....

9. Escribe los verbos del cuadro que tengan un futuro y un condicional irregulares y di la primera persona del singular de los mismos:

Atender	Poner	Caber	Sentir	Seguir	Hacer	Conducir
		Valer	Querer	Impedir		

		Futuro	Condicional
a.	.... :	....	....
b.	.... :	....	....
c.	.... :	....	....
d.	.... :	....	....
e.	.... :	....	....

10. ¿Qué otros verbos conoces con un futuro y un condicional irregulares?:

a. ....   e. ....
b. ....   f. ....
c. ....   g. ....
d. ....

17 Verbos irregulares de especial complejidad

1. **Escribe la primera persona del singular del presente de subjuntivo de los siguientes verbos:**

a. Salir. ....   f. Poner. ....

b. Dar. ....   g. Traer. ....

c. Venir. ....   h. Ir. ....

d. Caer. ....   i. Ver. ....

e. Hacer. ....   j. Oír. ....

2. **Completa las frases eligiendo entre los verbos dados y poniéndolos en presente de subjuntivo:**

Ser	Decir	Saber	Tener	Estar

a. Me gusta que (tú) me .... eso.

b. Me pone de mal humor que (él) .... siempre oyendo música.

c. Le parece mal que (nosotros) .... tan pocos libros en casa.

d. ¿Por qué os extraña que (yo) no lo ...., si nadie me lo ha dicho?

e. ¿Has visto qué pinta tienen ésos? Es posible que (ellos) ....
extranjeros.

3. **Conjuga el imperativo de los siguientes verbos:**

a. Caer: ....

b. Dar: ....

c. Hacer: ....

d. Poder: ....

e. Querer: ....

f. Ser: ....

g. Traer: ....

h. Ver: ....

4. **Pon en forma negativa las segundas personas del singular y del plural de los imperativos conjugados en el ejercicio anterior:**

a. Caer: ....

b. Dar: ....

c. Hacer: ....

d. Poder: ....

e. Querer: ....

f. Ser: ....

g. Traer: ....

h. Ver: ....

5. **Escribe el infinitivo de los siguientes verbos:**

a. Estuviera. ....
b. Hubierais. ....
c. Pudiéramos. ....
d. Pusieran. ....
e. Vieran. ....

f. Oyera. ....
g. Quisiese. ....
h. Vinieran. ....
i. Tuvieras. ....
j. Fueses. ....

6. **Ahora conjúgalos en pretérito indefinido:**

a. Estuviera. ....
b. Hubierais. ....
c. Pudiéramos. ....
d. Pusieran. ....
e. Vieran. ....

f. Oyera. ....
g. Quisiese. ....
h. Vinieran. ....
i. Tuvieras. ....
j. Fueses. ....

7. **Conjuga:**

a. Saber: *imperfecto de subjuntivo.*
a. ....

b. Tener: *pluscuamperfecto de subjuntivo.*
b. ....

c. Estar: *condicional compuesto.*
c. ....

d. Poner: *pretérito perfecto de subjuntivo.*
d. ....

e. Traer: *pretérito indefinido.*
e. ....

8. **Continúa las series dando tres ejemplos más para cada una de ellas:**

a. Cabría, diría, ...
b. Cayendo, diciendo, ...
c. Dicho, hecho, ...
d. Amanecer, anochecer, ...
e. Anteponer, componer, ...

9. **¿Qué tienen en común cada una de las series del ejercicio 8?:**

a. ....
b. ....
c. ....
d. ....
e. ....

10. Conjuga los siguientes verbos en presente de subjuntivo:

a. Helar: ....

b. Tronar: ....

c. Gustar: ....

d. Amanecer: ....

e. Nevar: ....

18 *M*odificaciones ortográficas y alteraciones del acento

1. Clasifica los verbos del cuadro según su tipo de irregularidad consonántica:

Mecer	Roncar	Escoger	Tragar	Empezar
Tropezar	Llegar	Surgir	Convencer	Aparcar

a.: ....

b.: ....

c.: ....

d.: ....

e.: ....

2. Di la primera persona del singular del presente de subjuntivo de dichos verbos:

a.: ....

b.: ....

c.: ....

d.: ....

e.: ....

3. Contesta afirmativamente a las siguientes preguntas:

> Ej.: ¿Creyeron que era cierto? ➠ Sí, lo creímos.

a. ¿Averiguaste quién lo hizo?

a. ....

b. ¿Los distingues desde tan lejos?

b. ....

c. ¿Leyó Vd. el artículo?

c. ....

d. ¿Pagaste la factura?

d. ....

e. ¿Sacaste el dinero?

e. ....

4. **Completa las frases poniendo los verbos en presente de subjuntivo:**

> Ej.: ¿Han marcado toda la ropa? ➠ Quiero que la **marquen**.

a. ¿Has apagado las luces? Quiero que las ....
b. ¿Has arrancado tú la página? No quiero que la ....
c. ¿Habéis recogido los juguetes? Quiero que los ....
d. ¿Se han tranquilizado ya? Quiero que se ....
e. ¿Os habéis revolcado en la tierra? No quiero que os ....

5. **Transforma las frases empleando Estar + gerundio:**

a. **Leí** hasta las 4.
a. ....

b. **Extinguieron** el incendio.
b. ....

c. **Reímos** durante toda la velada.
c. ....

d. Le **convencí** para que no lo hiciera.
d. ....

e. **Riñeron** por tonterías.
e. ....

6. **Corrige los errores:**

a. Exijimos que lo hagan.
a. ....

b. Fingo no saberlo.
b. ....

c. Esa teoría no me convenze.
c. ....

d. Este año no actuámos allí.
d. ....

e. Si se reíra, me enfadaría.
e. ....

7. **Pon en tercera persona del plural:**

a. Poseí.
a. ....

b. Reí.
b. ....

c. Santíguate.
c. ....

d. Variamos.
d. ....

e. Actuemos.
e. ....

8. Clasifica los verbos según su tipo de irregularidad vocálica:

Proveer   Bullir   Sonreír   Extinguir   Leer   Gruñir   Perseguir

a.: ....

b.: ....

c.: ....

9. Escribe la primera persona del singular del imperfecto de subjuntivo de los verbos del ejercicio 8:

a.: ....

b.: ....

c.: ....

10. Transforma las frases poniendo los verbos en imperativo:

> Ej.: Deben empezar. ➠ Empiecen.

a. Debemos cruzar.   a. ....
b. Debemos conseguirlo.   b. ....
c. Deben desviarse.   c. ....
d. Deben evacuar a la gente. d. ....
e. Debe abreviar.   e. ....

19 Auxiliares y construcciones verbales

1. Transforma según el modelo:

> Ej.: Publicaron la noticia en todos los periódicos. ➡
>   1. La noticia fue publicada en todos los periódicos.
>   2. Se publicó la noticia en todos los periódicos.

a. Distribuyeron los programas entre los asistentes.
1. ....
2. ....

b. No alquilaron casi ningún piso.
1. ....
2. ....

c. Eligieron a los representantes.
1. ....
2. ....

d. Vigilaron el examen durante toda la mañana.
1. ....
2. ....

e. Celebraron la boda por todo lo alto.
1. ....
2. ....

2. Completa las frases poniendo los verbos en imperativo:

a. Señores (sentarse) ...., por favor.
b. (Arreglárselas -tú-) .... como puedas.
c. (Correrse -vosotros-) .... un poco.
d. (Vestirse -tú-) .... ya, Rosa.
e. (Ponerse -nosotros-) .... de acuerdo.

3. Completa las frases con una construcción verbal particular del tipo Gustar:

> Ej.: (A ellos) .... las películas de suspense. ➡ **Les gustan**
> las películas de suspense.

a. Ese chico (a mí) no ....
b. (A mí) .... que hayas venido.
c. (A él) .... ese nombre.
d. (A ti) .... unos vaqueros.
e. (A vosotras) .... esos vestidos.

4. Explica la consecuencia completando las frases con Ser o Estar y los adjetivos dados:

Borracho	Roto	Enfermo	Divertido	Cansados	Egoísta

> Ej.: Ha bebido mucho, así que **está borracho**.

a. Hemos trabajado mucho, de manera que ....
b. Sólo piensa en él, así que .... un ....
c. Aquí se pasa muy bien, por lo tanto .... un sitio ....
d. Lo han tirado al suelo, así que ahora ....
e. Tiene mucha fiebre, de modo que ....

5. Formula la pregunta adecuada, utilizando Ser o Estar:

> Ej.: Tengo una casa en la playa. ➡ ¿Dónde **está**?

a. Lleva un vestido de lunares.
a. ....
b. Parece que Paco va mejorando.
b. ....
c. 40 en total.
c. ....
d. Llaman a la puerta.
d. ....
e. Estoy leyendo este libro.
e. ....

6. Relaciona las columnas:

a. No se encuentra bien.   1. *Está rica.*
b. Se porta muy mal.   2. *Es malo.*
c. Ya ha hecho las maletas.   3. *Es rica.*
d. Es el mejor de la clase.   4. *Es listo.*
e. Me gusta esta comida.   5. *Está listo.*
f. Eva tiene mucho dinero.   6. *Está malo.*

7. Completa esta conversación telefónica con Ser o Estar:

a. - ¡Hola, buenas tardes! ¿.............. casa del señor García?
b. - Sí, aquí ....
a. - .... Raimundo Pérez. ¿.............. el señor García, por favor?
b. - No, no ...., ¿.............. importante?, ¿quiere dejarle algún recado?
a. - Sí, por favor. Dígale que .... mañana a las 9 en la reunión, que me esperen.

8. **Sustituye los verbos y demás elementos señalados por Ser o Estar:**

a. El concierto **tiene lugar** en el teatro.

a. ....

b. No **se encuentran** bien.

b. ....

c. No **está hecho con** madera.

c. ....

d. La novela **resulta** interesante.

d. ....

e. El cielo **se ha** cubierto.

e. ....

9. **Señala la respuesta correcta:**

a. De tanto tomar el sol, ☐ **es** muy morena.
   ☐ **está**

b. Esa camisa te ☐ **es** muy estrecha.
   ☐ **está**

c. Ginés ☐ **estará** preocupado porque no llegamos.
   ☐ **será**

d. ¿☐ **Estará** Josefa la mejor?
   ☐ **Será**

e. La fiesta ☐ **estará** el jueves a las 10 de la noche.
   ☐ **será**

f. El director ☐ **era** respetado por todos.
   ☐ **estaba**

g. No ☐ **somos** acostumbrados a eso.
   ☐ **estamos**

h. No ☐ **es** lo que tú crees.
   ☐ **está**

i. Ese sitio ☐ **estará** lleno de gente.
   ☐ **será**

j. ¿☐ **Eres** preocupado por algo?
   ☐ **Estás**

10. **Elige entre Haber, Ser o Estar (en presente) para completar las frases:**

a. El alumno .... castigado por la maestra.

b. ¿.............. empezado ya la película?

c. A estas horas, todas las oficinas .... cerradas.

d. .... que hacer cola.

e. Los albañiles .... arreglando el tejado.

*M*odo indicativo. Valores y usos del indicativo en oraciones subordinadas

1. **Enlaza cada frase con lo que exprese el verbo señalado y di de qué tiempo se trata:**

a. Nunca **llevaba** dinero encima.
b. **Llegaron** incluso a insultarle.
c. ¿Has oído? ¡**Será** maleducado!
d. Si te dijo eso, sus motivos **tendría**.
e. Riñeron y **se han separado**.

1. *Acción pasada y acabada (Tiempo: ....).*
2. *Acción pasada con repercusión en el presente (Tiempo: ....).*
3. *Probabilidad en el pasado (Tiempo: ....).*
4. *Acción habitual en el pasado (Tiempo: ....).*
5. *Sorpresa (Tiempo: ....).*

2. **Pon el verbo en el tiempo del indicativo que convenga:**

a. Siempre que se ponía los patines, (caerse) ....

b. Estábamos bailando cuando (irse) .... la luz.

c. Escucharás atentamente lo que te digan y después (contestar) .... a las preguntas.

d. ¿Por qué no vendrá? ¿(Olvidársele) .... que teníamos una cita?

e. Los alumnos (estar) .... haciendo un examen cuando entró el director.

3. **Corrige los errores:**

a. Me aseguraron que estará listo para hoy.
a. ....

b. No pasé porque supuse que ya os fuisteis.
b. ....

c. Yo que tú, se lo contaré todo.
c. ....

d. ¿Desearía Vd. algo?
d. ....

e. Te esperas a que llegue y le explicabas lo que ha pasado.
e. ....

4. **Completa el texto poniendo los verbos dados en el tiempo que sea necesario:**

| Llegar | Estar | Salir | Sonar | Pasar |

Los García .... en el restaurante, comiendo tan tranquilos, cuando de repente .... la alarma de la tienda de al lado.
.... todo el mundo a ver lo que .... y .... la policía.

5. **Completa con la locución adecuada:**

| Puesto que | Tanto que | Porque | Así que | En vista de que |
---

a. Está muy cerca, ... puedes ir andando.
b. .... ya habéis llegado todos, podemos empezar.
c. Han cortado el tráfico .... va a pasar por aquí el desfile.
d. Cené .... he dormido fatal.
e. .... no tengo noticias suyas, le llamaré.

6. **Señala la respuesta correcta:**

a. ☐ **Ya que** no quieres acompañarme, iré yo solo.
   ☐ **De modo que**

b. No os avisé ☐ **por lo tanto** sabía que no os interesaba.
              ☐ **porque**

c. No cogen el teléfono, ☐ **tanto que** no están.
                        ☐ **luego**

d. Me he perdido el principio, ☐ **por consiguiente** no sé de qué va.
                               ☐ **como**

e. ☐ **Dado que** no hay bastante público, se suspende el espectáculo.
   ☐ **Así que**

7. **Di lo que indican las expresiones que has elegido en el ejercicio 6:**

a. ....

b. ....

c. ....

d. ....

e. ....

8. Elige entre Si o Qué para completar las siguientes oraciones:

a. Le pregunto .... habla español.

b. Dime .... opinas.

c. Preguntamos .... iban a cerrar pronto.

d. Digan .... piensan venir.

e. Me gustaría saber .... estáis haciendo.

9. Transforma en oraciones comparativas de superioridad o inferioridad:

> Ej.: Teresa es muy simpática. No se puede decir lo mismo de Mercedes.
> ⇒ Mercedes es **menos** simpática **que** Teresa.

a. No tengo tantos amigos como tú.

a. ....

b. No compares a tu hijo con el mío. El tuyo es más tranquilo.

b. ....

c. Rafael sale mucho. Yo casi no salgo.

c. ....

d. Nosotros tenemos bastantes problemas. Vosotros, casi ninguno.

d. ....

e. Hoy me has puesto poca comida. Ayer me pusiste mucha.

e. ....

10. Elige entre Tanto como / Igual que para establecer una relación de igualdad entre las siguientes oraciones:

> Ej.: Arturo estudia mucho. Ernesto, menos. ⇒ Ernesto no estudia **tanto como** Arturo.

a. A mí me gustan los sitios tranquilos. A mis padres también.

a. ....

b. Pesa menos de lo que creía.

b. ....

c. Aquel restaurante es muy caro. Éste también.

c. ....

d. Tu coche es descapotable. El mío también.

d. ....

e. Hoy hemos comido cocido. Ayer también.

e. ....

*M*odo subjuntivo. Valores y usos del subjuntivo en oraciones subordinadas

1. **Di lo contrario:**

> Ej.: **Me parece** que **es** cierto. ➡ **No me parece** que **sea** cierto.

a. Creo que van a terminar ya.

a. ....

b. Es seguro que me admiten.

b. ....

c. Es indudable que no le dejarán entrar.

c. ....

d. Estoy seguro de que aprobarás.

d. ....

e. Es seguro que lo hace.

e. ....

2. **Completa eligiendo la expresión adecuada:**

| Están al corriente de | Quieren | Estoy seguro de que |
| Les sorprendió que | No pienso que | |

a. .... todo saldrá bien.

b. .... haya que volverlo a hacer.

c. .... todo lo que se dijo en la reunión.

d. .... nos fuéramos tan pronto.

e. .... que aprenda alemán.

3. **Pon en imperativo negativo:**

a. Reservad ahora.   a. ....

b. Vuelva otro día.   b. ....

c. Quédate en la cama.   c. ....

d. Salgan temprano.   d. ....

e. Coged el coche.   e. ....

4. Pon en indicativo o subjuntivo los verbos que van entre paréntesis:

a. A lo mejor no (venir -yo-) a comer.

a. ....

b. Quizás Fernando (saberlo).

b. ....

c. He dicho que no (tocar -tú-) ahí.

c. ....

d. ¡Que (tener -tú-) buen viaje!

d. ....

e. ¡Ojalá (poder -él-) oírme!

e. ....

5. Elige el modo adecuado:

a. ¡Ten cuidado! ¡No **corras / corres** mucho!
b. **Estarán / estén** de viaje, quizás.
c. Tal vez me **compro / compre** ese ordenador.
d. ¡Quién **pudiera / podía** estar ahora de vacaciones!
e. Que yo **sepa / sé**, no ha cambiado de trabajo.

6. Completa con el mismo verbo que el señalado en el tiempo y modo adecuados:

a. **Quiera** o no ...., tendrá que aceptarlo.
b. Lo **acepte** o no lo ...., habrá que decírselo.
c. **Cueste** lo que ...., hay que conseguirlo.
d. **Valga** lo que ...., lo compraremos.
e. **Termine** cuando ...., nos quedaremos hasta el final.

7. Señala la respuesta correcta:

a. Me sorprende mucho que lo ☐ **haya** dicho él.
   ☐ **ha**

b. ¿Dudan Vds. de que ☐ **somos** capaces de hacerlo?
   ☐ **seamos**

c. ¿Quieres que te ☐ **ayude**?
   ☐ **ayudo**

d. ¿Te parece bien que me ☐ **quedo** aquí?
   ☐ **quede**

e. ¿Le gusta que ☐ **está** la carne muy hecha?
   ☐ **esté**

8. **Completa las frases con la conjunción o locución adecuada:**

Aunque   Así que   Para que   Igual que si   Desde que

a. .... se case cambiará de opinión.
b. Se comporta .... fuera tímido.
c. .... le conozco, no ha cambiado en absoluto.
d. Lo haré .... no me den permiso.
e. Llévaselo .... lo arregle.

9. **Corrige los errores:**

a. Cuando coman, se juntan para jugar a las cartas.
a. ....

b. Tan pronto como llega, se dará cuenta.
b. ....

c. No sé si lo compraré, según lo que cuesta.
c. ....

d. Me hace falta que me prestes dinero.
d. ....

e. Por más que duerma, siempre está cansado.
e. ....

10. **Trata de encontrar un enlace adecuado para completar las frases:**

a. .... lo hubiera tenido ya, no me lo habría comprado.
b. Está el cielo .... fuera a nevar.
c. Se presentará al examen .... no lo haya preparado.
d. Resérvame un sitio desde .... se vea mejor el escenario.
e. Lo publicaron en el periódico .... todo el mundo se enterara.

Criterios de uso indicativo / subjuntivo en algunos casos

1. **Contesta a las preguntas, eligiendo entre las expresiones dadas:**

Es una vergüenza que   Es indudable que   Más vale que

Ocurre que   Es probable que

Ej.: ¿Qué te pasa, estás preocupado? ➠ **Es verdad que** estoy preocupado.

a. ¿Me multarán si aparco aquí?

a. ....

b ¿Te has fijado en las palabrotas que dice?

b. ....

c. ¿Por qué esas caras, qué ocurre?

c. ....

d. ¿Por qué no eres sincera con él?

d. ....

e. ¿Crees que vendrá?

e. ....

2. **Sustituye las expresiones empleadas en las respuestas anteriores por otras equivalentes:**

Ej.: ¿Qué te pasa, estás preocupado? ➠ **Es cierto que** estoy preocupado.

a. ....
b. ....
c. ....
d. ....
e. ....

3. **Señala la respuesta correcta:**

a. No cabe duda de que esto ☐ **sea** cosa suya.
                            ☐ **es**

b. ¡Parece mentira que lo ☐ **has** hecho tú!
                         ☐ **hayas**

c. Es natural que ☐ **quiera** verle.
   ☐ **quiere**

d. Está visto que no ☐ **aprueba**.
   ☐ **apruebe**

e. Es mejor que ☐ **descansas** ahora.
   ☐ **descanses**

4. **Transforma los hechos constatados en hechos no constatados:**

> Ej. : Aunque me dejan ir, no voy. ➠ Aunque me **dejen** ir, no **iré**.

a. Aunque no se encuentra muy bien, hace su trabajo.
a. ....

b. Aunque le suspenden, no se desanima.
b. ....

c. Aunque tiene vacaciones, se queda en casa.
c. ....

d. Aunque le gusta mucho el deporte, no tiene tiempo de hacerlo.
d. ....

e. Aunque han reservado habitación, no van al hotel.
e. ....

5. **Ahora redacta estas mismas frases poniendo el verbo en imperfecto de subjuntivo:**

> Ej. : Aunque me dejan ir, no voy. ➠ Aunque me **dejaran** ir, no **iría**.

a. ....
b. ....
c. ....
d. ....
e. ....

6. **¿Cuál es el modo adecuado?:**

a. Cuando **empiece / empieza** la función, que todos se callen.

b. Cuando **salimos / salgamos** del cine, te invitaré a tomar algo.

c. Cuando **miente / mienta**, se le nota mucho.

d. Cuando **viene / venga** Pedro, le enseñaremos las fotos.

e. Cuando se **enfada / enfade**, le oyen todos los vecinos.

7. Pon los verbos que van entre paréntesis en indicativo o subjuntivo:

a. ¡Hay que ver lo que tarda Enrique! Como no (llegar) .... ahora mismo, me voy.

b. Si te conviene como si no (convenirte) ...., te aguantas.

c. Ha llamado Ana. Dice que, como (ponerse) .... su hija enferma, esta mañana no vendrá.

d. ¡Qué raro! Pepe se porta como si (querer) .... que le despidieran.

e. Este niño anda como si (dolerle) .... la pierna.

8. Transforma el texto de este anuncio sustituyendo Cuando por los enlaces que se indican:

> Cuando pague imprudencias con dinero ..., piense que podía haberlas pagado con la vida.
>
> *(Dirección General de Tráfico. Ministerio del Interior.)*

a. Si: ....
....

b. Siempre que: ....
....

c. De: ....
....

d. Aunque: ....
....

e. Cada vez que: ....
....

9. Pon los verbos que van entre paréntesis en el tiempo adecuado:

a. Si Lola no quisiera verme, no (venir) .... tanto por aquí.

b. Si yo (tener) .... tiempo, clasificaría todos estos artículos.

c. Si me dijeran que se ha terminado el plazo, (matricularme) .... en otra Facultad.

d. Si Vds. (saber) .... quién lo ha hecho , ¿le denunciarían?

e. Si se quedaran unos días más, (poder) .... conocer mejor la ciudad.

10. Ahora convierte las condiciones del ejercicio anterior en condiciones irrealizadas:

a. ....
b. ....
c. ....
d. ....
e. ....

25 *M*odo imperativo

1. **Pon en forma negativa:**

a. Ten cuidado.
b. Callad.
c. Cierren la puerta.
d. Ven aquí.
e. Lléveselo.

a. ....
b. ....
c. ....
d. ....
e. ....

2. **Pon los siguientes imperativos en primera persona del plural:**

a. Relájate.
b. Disuelve.
c. Déjalo.
d. Prueba.
e. Descúbrelo.

a. ....
b. ....
c. ....
d. ....
e. ....

3. **Pon ahora estos imperativos en segunda persona del plural:**

a. Añade.
b. Póntelo.
c. Prepárate.
d. Bájate.
e. Duérmete.

a. ....
b. ....
c. ....
d. ....
e. ....

4. **Transmite de forma directa los recados que te dan:**

> Ej.: Dile a Paco que me pida perdón. ➡ **Pídele** perdón.

a. Dile a tu hijo que salga y disfrute.
a. ....

b. Diles a tus hermanos que apaguen la luz.
b. ....

c. Dile a tu madre que se compre la falda.
c. ....

d. Dile a ese señor que se siente.
d. ....

e. Dile al carnicero que nos guarde lo de siempre.
e. ....

5. Transforma según el modelo:

> Ej.: Tenéis que llevarla a su casa. ⇒ **Llevadla** a su casa.

a. Debes volver a verle.   a. ....
b. Hace falta que traigas harina.   b. ....
c. Es preciso que entréis.   c. ....
d. Tienen que ver esto.   d. ....
e. Tiene que quitárselo.   e. ....

6. Pon las frases del ejercicio anterior en forma negativa:

> Ej.: No tenéis que llevarla a su casa. ⇒ **No la llevéis** a su casa.

a. ....
b. ....
c. ....
d. ....
e. ....

7. Expresa lo mismo con un imperativo:

> Ej.: Te digo que me abras. ⇒ **¡Ábreme!**

a. Le pido que me lo explique.   a. ....
b. Te repito que te vayas.   b. ....
c. Les ordeno que lo hagan.   c. ....
d. Te exijo que pagues.   d. ....
e. Os aconsejo que seáis prudentes.   e. ....

8. Pon en imperativo (tercera persona del singular) las formas verbales señaladas en el texto:

VIAJAR SIN MAREARSE

— **No leer ni fijar** la vista.

— **Hacer** comidas ligeras y **ser** moderado con la bebida.

— **Llevar** ropa cómoda.

— **Hacer** paradas frecuentes, **salir** del coche y **darse** una vuelta.

— **Tomar** vitamina B6 antes del viaje.

— Al empezar el mareo, **ponerse** un pañuelo con agua fría en la nuca.

....
....
....
....
....
....
....

9. **Ahora pon esas mismas formas verbales en tercera persona del plural:**

....
....
....
....
....
....

10. **Utilizando el imperativo, dales consejos a las siguientes personas:**

> Ej.: A un amigo que gasta mucho. ➠ **Gasta** menos.
> ➠ **No gastes** tanto.

a. A un compañero que trabaja demasiado.

a. ....

b. A tu mujer, que no duerme bastante.

b. ....

c. A tus alumnos, que estudian poco.

c. ....

d. A tu jefe, que se preocupa demasiado.

d. ....

e. A los niños, que arman mucho escándalo.

e. ....

26 Concordancia de los tiempos

1 - El argumento de esta película está en presente. Vuelve a escribirlo en pasado:

La mitad del cielo
(Drama de Gutiérrez Aragón)

Rosa vive con sus padres y su abuela en un misterioso valle de Galicia. Su abuela predice que conocerá a un afilador que le traerá desgracias, y la profecía se cumple.

Rosa se casa con él y se queda embarazada. Sin embargo, descubre que el afilador ya está casado. Lo mandan a la cárcel acusado de bigamia.

....

....

....

....

....

....

....

....

2 - Pon los verbos en el tiempo que sea necesario:

Dice el niño: *Cuando llegue la Navidad, querré:*

a. Que toda la familia (estar) .... reunida.

b. Que (ir) .... todos unos días a esquiar.

c. Que todo el mundo (pasarlo) ....bien y (ser) .... feliz.

d. Que (- *nosotros* - dar) .... una gran fiesta en Nochevieja.

e. Que los Reyes (traerme) .... muchos regalos.

3 - La Navidad ya ha pasado y el niño está decepcionado porque sus deseos no se han cumplido:

Él hubiera querido:

a. ....

b. ....

c. ....

d. ....

e. ....

4. **Cuando, en realidad, durante las vacaciones:**

a. (Ser) preciso que su padre (salir) de viaje de negocios.

a. ....

b. Por consiguiente, ellos tampoco (poder) ir a esquiar.

b. ....

c. El médico (decirle) a su hermana que ella (tener) la gripe y (aconsejarle) que (quedarse) en la cama.

c. ....

....

d. Lo único extraordinario que ellos (hacer) en Nochevieja fue que (comerse) las uvas.

d. ....

....

e. Su madre (explicarle) que este año los Reyes (estar) bastante pobres.

e. ....

5. **Pon en presente la parte señalada de este texto:**

Papá Noel

Papá Noel –también llamado Santa Claus– sí existe. Se trata de un anciano finlandés que un buen día, y sin esperárselo, **fue contratado de por vida para este trabajo, en el que perdió para siempre su pasado y su nombre. Todo sucedió en 1952, cuando Eleanor Roosevelt llegó a Finlandia como delegada de la Comisión de Derechos Humanos de las Naciones Unidas. La distinguida invitada pidió sin rodeos visitar la casa de Santa Claus, supuestamente situada en el círculo polar ártico. Los encargados del protocolo salieron del apuro mandando construir en un día una pequeña casita de madera a la salida del pueblo de Rovaniemi, donde instalaron a su Joulu Pukki,** el nombre con el que ellos designan a Papá Noel. Y ahí sigue. Desde entonces el lugar se ha convertido en el destinatario de cartas de niños de todo el mundo que escriben a Santa Claus Post Office. Arctic Circle. 96939 Rovaniemi. Finlandia. Según Joulu Pukki, él las contesta todas. La casita se ha convertido en un complejo turístico con tiendas de regalos y restaurantes, al que llegan numerosos grupos de turistas. Un visitante español le preguntó hace poco qué pensaba de los Reyes Magos. "Ellos no representan ninguna competencia para mí", dijo. "Hay trabajo para todos."

Texto de
Fietta Jarque

....
....
....
....
....
....
....
....

....

....

....

....

....

....

....

6. **Completa las frases con los verbos y tiempos adecuados:**

a. Antes de 1952, la existencia de Papá Noel no ....
firmemente comprobable.

b. Cuando ese señor finlandés sea contratado para este trabajo, ...
.... para siempre su pasado y su nombre.

c. Si Eleanor Roosevelt hubiera pedido visitar la casa de Santa Claus,
los encargados del protocolo .... del apuro mandando construir una pequeña casita de madera a la salida del pueblo,
donde .... a su Joulu Pukki.

d. Si Joulu Pukki no ...., los niños no ....
.... sus cartas a Rovaniemi.

e. Cuando estuvo allí, el turista español .... saber
lo que Papá Noel .... de los Reyes Magos.

7. **Contesta a las preguntas:**

a. ¿Qué dice Papá Noel acerca de los Reyes Magos?
a. ....

b. ¿Qué dirá Papá Noel acerca de los Reyes Magos?
b. ....

c. ¿Qué diría Papá Noel acerca de los Reyes Magos?
c. ....

d. ¿Qué decía Papá Noel acerca de los Reyes Magos?
d. ....

e. ¿Qué dijo Papá Noel acerca de los Reyes Magos?
e. ....

8. **Completa las frases eligiendo el tiempo adecuado de los
verbos indicados:**

a. A mi hijo le gustaría que (1) .... todos a Finlandia.

b. Sus amigos le dijeron que (1) .... y que aquello (2)
.... precioso.

c. El querría que nos (3) .... allí toda la Navidad.

d. Pero no creo que eso (4) .... ser posible.

e. Le diré que otro año (5) .... ir.

(1) Ir.   (2) Ser.   (3) Quedarse.   (4) Poder.   (5) Intentar.

9. Elige el tiempo adecuado:

a. Me hubiera gustado que **vengas / vinieras** con nosotros.

b. Les había dicho que no **aceptaran / acepten** más candidaturas.

c. Te diré que estos días **esté / está** muy ocupado.

d. Es increíble que le **has / hayas** convencido.

e. No me extrañaría que **abandone / abandonara** los estudios.

10. Señala la forma verbal correcta:

a. Decían que ☐ **pensaron** venir para Navidad.

☐ **pensarán**

☐ **pensaban**

b. Quiere que te ☐ **pones** tú al teléfono.

☐ **pongas**

☐ **has puesto**

c. No han hecho lo que les ☐ **dije**.

☐ **digo**

☐ **diga**

d. Me parece que ☐ **viva** allí.

☐ **vivirá**

☐ **vive**

e. Creí que ☐ **estabas** enfermo.

☐ **estés**

☐ **has estado**

*E*l infinitivo. El participio. El gerundio

1. **Transforma las frases sustituyendo las formas señaladas por un infinitivo:**

> Ej.: ¡Vamos, **estudiad** las lecciones! ➡ ¡Vamos, **a estudiar** las lecciones!

a. ¡Venga, **sentaos** todos!   a. ....
b. ¿Qué hacen? ¿**Oyen** música?   b. ....
c. **La lectura** me ha enseñado mucho. c. ....
d. Vds., ¡**prepárense**!   d. ....
e. Y ahora, ¡**trabaja**!   e. ....

2. **Completa eligiendo la preposición adecuada:**

a. .... venir, avísame antes.   De - Por
b. Le vi .... salir de casa.   De - Al
c. Lo hizo .... ayudarnos.   De - Por
d. .... hacer eso no se soluciona nada.   De - Con
e. Entraron a saludarnos .... pasar por la oficina. De - Al

3. **Sustituye las formas señaladas por una perífrasis verbal de infinitivo que exprese lo mismo:**

a. **Es probable que le haya dejado** la dirección a Juan.
a. ....
b. Por favor, **no te muevas más**.
b. ....
c. Antes **es necesario** marcar el prefijo.
c. ....
d. Dentro de breves momentos **dará** comienzo el espectáculo.
d. ....
e. Esta mañana **se ha quejado otra vez** de tu comportamiento.
e. ....

4. **Señala la frase equivalente:**

a. Empezada la película, no nos dejaron entrar.
   ☐ Como había empezado, no nos dejaron entrar.
   ☐ Aunque había empezado, no nos dejaron entrar.

b. Acabada la comida, iremos a tomar café.
   ☐ Con la comida acabada, iremos a tomar café.
   ☐ Una vez acabada la comida, iremos a tomar café.

c. Llegado el autobús, todos querían montarse al mismo tiempo.
  □ Cuando llegó el autobús, todos querían montarse al mismo tiempo.
  □ Porque llegó el autobús, todos querían montarse al mismo tiempo.

d. Hechas todas las maletas, no pudieron irse de viaje.
  □ Como habían hecho las maletas, no pudieron irse de viaje.
  □ Aunque habían hecho las maletas, no pudieron irse de viaje.

5 - Escribe una frase con cada una de las siguientes perífrasis:

a. Dar por + Participio:..
b. Ponerse a + Infinitivo: ....
c. Ir + Participio: ....
d. Quedar + Participio: ....
e. Volver a + Infinitivo: ....

6 - Enlaza las frases con el valor que le corresponda al gerundio:

a. Suponiendo que vendría, le dejé una nota.   *1. Condicional.*
b. Reservando con antelación, conseguirás billete.   *2. Modal.*
c. Habiendo pronunciado estas palabras, se marchó.   *3. Causal.*
d. Se puso a hablar gritando.   *4. Concesivo.*
e. Siendo tan simpática como es, no tiene amigos.   *5. Temporal.*

7 - Ahora transforma los gerundios del ejercicio 6, según el valor de los mismos, en oraciones causales, condicionales, concesivas, modales o temporales:

Ej.: Estudiando tanto, no aprueba. ➠ Aunque estudia tanto, no aprueba.

a. ....
b. ....
c. ....
d. ....
e. ....

8 - Subraya las perífrasis verbales que encuentres en las frases y colócalas junto a su correspondiente significado:

a. Se quedó mirándome extrañado.
b. Me preguntó que si iba a salir con él.
c. Recibí una carta de Leonor en la que terminaba diciendo que intentaría venir pronto a vernos.
d. No quiero volver a verte.
c. Siempre iban llamando la atención por todas partes.

Futuro inmediato: ....

Permanencia: ....

Desenlace de una acción: ....

Modo: ....

Hacer algo de nuevo: ....

9.- Completa las frases poniendo el verbo entre paréntesis en la forma adecuada:

a. Me quedé (parar) .... ante el escaparate, indeciso.

b. Te estoy (esperar) ...., ¿puedes venir?

c. Acaba de (entrar) .... Pablo.

d. Tenemos que ir (preparar) .... el viaje.

e. El libro debe estar (leer) .... para la semana que viene.

10.- Corrige los errores:

a. Quedan muchos temas de explicar.

a. ....

b. Echaron a andando juntos.

b. ....

c. Quedaron por reunirse una vez a la semana.

c. ....

d. Las calles eran mojadas.

d. ....

e. Lleva dos años aprendido a conducir.

e. ....

30 El adverbio

1. **Di lo contrario de:**

a. Encima.

b. Despacio.

c. Temprano.

d. Demasiado.

e. Adelante.

f. Arriba.

g. Algo.

h. Detrás.

a. ....

b. ....

c. ....

d. ....

e. ....

f. ....

g. ....

h. ....

2. **Enlaza los términos que puedan ser equivalentes:**

a. Sí.

b. Desde luego.

c. Aun.

d. En absoluto.

e. De pronto.

f. De este modo.

1. *De ningún modo.*

2. *Así.*

3. *Ya.*

4. *De repente.*

5. *Incluso.*

6. *Por supuesto.*

3. **Completa las frases con Arriba o Encima:**

a. Los bomberos están ...., en la terraza.

b. Deja el pan ahí ...., por favor.

c. Está siempre durmiendo y .... dice que está cansado.

d. ¡Déjame tranquila! ¡No estés siempre ....!

e. ¿Hay que subir los muebles .... o los dejamos abajo?

4. **Elige entre Dentro o Fuera para completar las frases:**

a. Mete eso ...., en su caja.

b. Espérame ...., que llueve mucho.

c. No llames mañana, estaré ....

d. Saca la ropa ...., que le dé el aire.

e. No lo metas tan ...., que luego no lo vas a encontrar.

5. **Completa las frases eligiendo el adverbio de tiempo adecuado:**

Pronto	Antes	Ya	Luego	Jamás

a. ¿.............. lo has arreglado? Pensaba que ibas a tardar más tiempo.

b. ¡Qué .... vienes hoy! ¿Es que no has tenido clase o qué?

c. Termina de ordenar la habitación y .... te acuestas.

d. ¡No pienso volver a verle nunca ....!

e. Hoy, si puedo, vendré ....

6. Sustituye las formas adverbiales de cantidad señaladas por otras locuciones o adverbios equivalentes:

a. ¡Qué loco! ¡**Por poco** me pilla!

a. ....

b. Déjame **al menos** tu dirección.

b. ....

c. Serían las diez, **aproximadamente**.

c. ....

d. **Solamente** han venido tres de los seis que esperaba.

d. ....

e. Tendrá **como máximo** treinta años.

e. ....

7. Completa con un adverbio o locución de duda:

a. .... que no se haya enterado.

b. .... se les ha estropeado el teléfono.

c. ¿Vendrá Luis? ....

d. .... lleguen mañana.

e. .... vayamos al cine este fin de semana.

8. Elige la locución adverbial de modo adecuada para completar las frases:

A lo grande	En un santiamén	De memoria	A la ligera	A medias

a. ¡Qué rapidez! ¡Lo has hecho ....!

b. Nunca termina nada, lo hace todo ....

c. Piensa un poco lo que dices, no hables tan ....

d. Viven .... ¡Claro, con el dinero que tienen ...!

e. No sabe estudiar. Se limita a aprenderse las cosas ....

9. Rellena los huecos con adverbios de afirmación o de negación:

a. Eso no es cierto ....

b. ¿No han llegado aún?

¡................. han llegado, ya están aquí!

c. ¿Podría Vd. ayudarme, por favor?

¡.................! Ahora mismo.

d. A ella no le gustaría vivir en esa ciudad. Estoy de acuerdo, a mí

.... me gustaría.

e. ¿Tú .... crees eso? ¿Os habéis puesto todos de acuerdo o qué?

10.- Sustituye las formas adverbiales de tiempo señaladas por otras locuciones o adverbios equivalentes:

a. Nos vemos **de vez en cuando**.

a. ....

b. **Todavía** no ha llamado.

b. ....

c. Lo haré **en seguida**.

c. ....

d. **Por ahora** no nos mudamos.

d. ....

e. **De hoy en adelante** no habrá más descansos.

e. ....

31 La preposición

1. **Ordena los elementos dados para formar frases:**

a. Ese / el / en / paro / caída / mes / tras / sube / años / diez / junio / de / en.

a. ....

b. Precedentes / región / sin / de / aumento / Murcia / en / la.

b. ....

c. A / sindicatos / bajar / empleo / los / garantías / aceptan / cambio / sueldos / de / de.

c. ....

....

d. Paro / en / evolución / Comunidades / del / España / Autónomas / por.

d. ....

e. Murcia, Comunidad Valenciana y Castilla - La Mancha / donde / las / junio / autonomías / en / paro / el / subió / entre.

e. ....

....

2. **Contesta con la preposición adecuada:**

a. ¿Cómo te gusta más viajar? (tren, coche, avión, ...).

a. ....

b. ¿Cómo vas al trabajo o a clase?

b ....

c. ¿Cuál es tu horario de trabajo o de estudio?

c. ....

d. ¿Cuándo te dan las vacaciones?

d. ....

e. ¿Dónde vives?

e. ....

3. **Enlaza los elementos de las dos columnas para completar las frases:**

a. La policía iba   1. *por dar.*
b. La explicación está   2. *según vea.*
c. No estoy   3. *al Instituto.*
d. He llamado   4. *tras ellos.*
e. Eso será   5. *para bromas.*

4. **Transforma las frases sustituyendo las preposiciones señaladas por otras que indiquen lo mismo:**

a. Vendrán a cenar **hacia** las 9.

a. ....

b. Hablaron mucho **de** historia.

b. ....

c. Se vino andando **del** colegio.

c. ....

d. Se dirigen **a** la ciudad.

d. ....

e. Chocó **con** otro coche.

e. ....

5. **Completa eligiendo la preposición adecuada:**

A	Para	En	Sobre	Desde	Entre	Por

a. Monta .... caballo .... que tenía 5 años.

b. No me he fijado .... la hora. Serán .... las 3.

c. Tienes que escoger uno .... todos.

d. Eso le pasa .... testarudo.

e. .... junio, ya habré terminado la tesis.

6. **Corrige las preposiciones erróneas que haya en el texto y pon las correctas:**

Presentamos la mejor guía por ver el mundo con todo lujo de detalles.

Conocer en fondo una ciudad o un país, en todos sus detalles, sólo puede conseguirse siguiendo las indicaciones con alguien especializado.

Éste es el papel de las **Guías Acento**, en ellas podrás encontrar todo lo que quieras imaginar, pensando con un viaje y mucho más. Porque en el mismo tiempo que guías turísticas, son una completa recopilación en todas las facetas del lugar que se visita... , restituyendo así un concepto algo olvidado hoy por día: la memoria de los pueblos.

Alternando lo históricamente constatado con lo cotidiano, pues conocer la gastronomía, los juegos propios de un país o su naturaleza, enriquece culturalmente tanto como visitar sus museos, iglesias y palacios.

Acceder a toda esta información le resultará muy fácil, nada más tenerlas con las manos se dará cuenta a que no existe otra guía igual... Un papel de altísima calidad con un formato manejable y una encuadernación que permite su uso continuado y sin deterioro, son algunas de las características más señaladas de esta colección en guías.

Todo para dar forma a una idea: reflejar la atmósfera que envuelve el lugar visitado, en través de la utilización de miles de ilustraciones en todas sus variantes: grabados, fotografías de época y actuales, planos y dibujos. Además incluye cartografía aérea en 3D, resuelta de la manera más atractiva gráficamente, por ver las cosas desde puntos en vista inhabituales. Para que cada uno ponga el acento a aquello que más le interese.

Las Guías Acento le mostrarán también cómo contar sobre la información más completa en mapas y lugares de interés. **Para disfrutar antes, durante y después del viaje.**
Sobre todo lujo de detalles.
Guías Acento. Por descubrir una ciudad y no olvidarla nunca.

Preposiciones erróneas: ....
....
....
....
....

Preposiciones correctas:..
....
....
....
....

7. **¿Hay alguna preposición compuesta en el texto? Copia la frase o frases en las que éstas se encuentren:**

Preposiciones compuestas: ....
....
....
....
....

8. **Anota los verbos del texto del ejercicio 6 que vayan siempre con las mismas preposiciones:**

> Ej.: Conocer **a** fondo.

Otros: ....
....
....
....
....

9. **Pon las preposiciones necesarias:**

a. .... mí eso no me importa nada.

b. Se ha equivocado Vd. .... fecha.

c. Yo me encargo .... hacerlo.

d. Le han contratado .... dos años.

e. No se contenta .... nada.

10.- **Completa este texto con las preposiciones que le falten:**

Las ideas ecologistas empezaron .... coquetear .... la cosmética hace años [...].

.... finales .... los ochenta, todos los aerosoles cosméticos tuvieron que suprimir, ... ley, los CFC de su fórmula .... no perjudicar la capa .... ozono.

.... entonces se han ido tomando muchas medidas .... conseguir cosméticos mejores y más ecológicos [...].

La CE ha puesto .... marcha un programa .... la creación de una etiqueta ecológica que será concedida .... los productos que tengan un impacto medioambiental bajo [...].

Representada .... una flor .... doce estrellas, la idea surge .... el afán de aunar y desarrollar los mismos criterios ecológicos .... toda Europa [...].

Texto de

Beatriz Peña

*L*a conjunción y la interjección

1. Elige entre las conjunciones dadas para completar las frases:

| Pues | Sin embargo | Que | Antes | O | Que | O |

a. Prefiero quedarme en casa .... que salir con ellos.
b. .... te vienes, ... me voy.
c. Es bastante orgulloso y, ... , lo quiero.
d. ¿No decías que no tenías ganas de ir? .... no vayas.
e. .... si le duele algo, ... si está cansado, ... ¡siempre quejándose!

2. Sustituye las conjunciones señaladas por otras equivalentes:

a. **Así que** te enteres, me lo dices.
a. ....

b. **A la vez que** sacas a pasear al perro, compra el pan.
b. ....

c. **Ya que** has venido, quédate a comer.
c. ....

d. Te lo prestaré **siempre que** me lo devuelvas pronto.
d. ....

e. **Por mucho que** se lo digo, no me hace caso.
e. ....

3. Di lo que expresan las conjunciones del ejercicio anterior:

a. ....
b. ....
c. ....
d. ....
e. ....

4. Señala la respuesta correcta:

a. Lo hicieron ☐ **de modo que** no se enteraran los vecinos.
   ☐ **conforme**
   ☐ **así**

b. No iremos de vacaciones, ☐ **dado que** nos toque la lotería.
   ☐ **a no ser que**
   ☐ **como**

c. No se atrevió a preguntarlo ☐ **de manera que** se enfadara el profesor.
☐ **apenas**
☐ **por miedo a que**

d. Llévame la pulsera a la joyería ☐ **con tal de que** me la arreglen.
☐ **para que**
☐ **en vista de que**

e. Baja la persiana, ☐ **no sea que** entra mucho sol.
☐ **y eso que**
☐ **que**

5. **Transforma en oraciones introducidas por Que:**

> Ej.: Acércate. Lo verás mejor. ➡ Acércate **que** lo veas mejor.

a. Me dijo : "Diviértete".
a. ....

b. Vámonos. Tu hermano está a punto de llegar.
b. ....

c. Es cierto. Estás equivocado.
c. ....

d. Abrígate bien. Hace frío.
d. ....

e. Estaba muy cansada. Me acosté a las 8.
e. ....

6. **Completa las frases eligiendo entre Por qué / Por que / Porque:**

a. ¡Si hubieras visto los caminos .... hemos pasado!
b. Ha aprobado .... conoce personalmente al profesor.
c. No entiendo .... me lo preguntas.
d. No se espera .... tiene cosas que hacer.
e. ¿................. no llamamos a Manolo?

7. **Sustituye la forma señalada por otra equivalente:**

a. **Que** te vayas, no me importa.
a. ....

b. **Que** lo diga él, no significa que sea cierto.
b. ....

c. **Que** apruebes o no, sólo depende de ti.
c. ....

d. **Que** vivan ahí no quiere decir que sean ricos.
d. ....

e. **Que** lo haga él, no me extraña nada.
e. ....

8. Completa con la interjección adecuada:

a. ¡..................!, que vas a tropezar.

b. ¡..................!, que están durmiendo.

c. ¡.................. , qué pinta!

d. ¡.................. , pase, pase!

e. ¡No se acerquen, ...!

9. Cita 5 interjecciones que puedan expresar asombro:

a. ....

b. ....

c. ....

d. ....

e. ....

10. Di lo que expresan las interjecciones señaladas en las siguientes frases:

a. Para viajar tanto andarás muy bien de dinero.

−¡**Huy**, qué pregunta! ¿Y a ti qué te importa cómo ando yo de dinero?

b. **Anda**, vete al baño, que yo me ocupo de esto.

c. ¡**Ah**!, así que tú también lo haces, **vaya, vaya**...

d. ¡**Ay**, qué preocupación me da usted!

e. ¡Oh, **cielos**! ¿Por qué caigo siempre en la misma trampa?

f. ¿Tomamos una copa mientras llegan?

−¡**Venga**! Yo quiero un gin-tonic, por favor.

g. ¡**Hombre**, el café!   ¡Ya era hora...!

a. ....

b. ....

c. ....

d. ....

e. ....

f. ....

g. ....

34 La oración simple

1 . **Di de qué tipo son las oraciones señaladas en el texto:**

> — **Piénsatelo** - ...
> — **¿Pensarme qué**, José Luis? **Tú no eres tonto** ni yo tampoco. **Somos profesionales**...
> — Te pagaremos lo mismo que a Lozano.
> — **¡Oh, Dios mío, no lo entiendes**!

Oraciones afirmativas: ....

Oraciones negativas: ....

Oraciones interrogativas: ....

Oraciones exclamativas: ....

Oraciones imperativas: ....

2 . **Cita 5 formas que conozcas de reforzar la afirmación:**

a. ....

b. ....

c. ....

d. ....

e. ....

3 . **Contesta negativamente a las siguientes preguntas:**

a. ¿Hay alguien contigo?

a. ....

b. ¿Has estudiado algo?

b. ....

c. ¿Habéis comprado algunos libros?

c. ....

d. ¿Le piensas llamar alguna vez?

d. ....

e. ¿Tienes algo de beber?

e. ....

4 . **Transforma en oraciones interrogativas directas:**

a. No sé lo que vale ese bolso.

a. ....

b. Dénme su opinión.

b. ....

c. Ignoro cómo se llama.

c. ....

d. No tengo su dirección.

d. ....

e. No sé utilizar ese aparato.

e. ....

5. **Transforma en exclamativas las siguientes oraciones afirmativas:**

a. Esos niños hacen mucho ruido.

a. ....

b. Fue muy desagradable.

b. ....

c. Lo siento muchísimo.

c. ....

d. Es un hombre muy simpático.

d. ....

e. Se puso de muy mal humor.

e. ....

6. **Expresa lo mismo con un imperativo:**

> Ej.: Te sientas ahí. ⟹ Siéntate ahí.

a. Se pone las gafas de sol.

a. ....

b. Salen de casa ahora.

b. ....

c. Os despertáis temprano.

c. ....

d. Vienes a verme en seguida.

d. ....

e. Te vas esta noche.

e. ....

7. **Transforma en prohibiciones las órdenes del ejercicio 6:**

> Ej.: Siéntate ahí. ⟹ No te sientes ahí.

a. ....
b. ....
c. ....
d. ....
e. ....

8. **Transforma según el modelo:**

> Ej.: Haced menos ruido. ➠ Os ordeno que hagáis menos ruido.

a. Ten cuidado.
a. ....
b. Friégalo todo.
b. ....
c. Jugad en el patio.
c. ....
d. Id a por ellos.
d. ....
e. Haz lo que te diga.
e. ....

9. **Convierte estas oraciones en imperativas, transformándolas según el modelo:**

> Ej.: Es necesario que los chicos se callen. ➠ Chicos, ¡a callar!

a. Pablo tiene que estudiar.
a. ....
b. Es preciso que Inés corra.
b. ....
c. Los niños deben comer.
c. ....
d. Es necesario que Mercedes cante.
d. ....
e. Hay que cerrar.
e. ....

10. **Construye oraciones desiderativas a partir de los elementos dados:**

> Ej.: Quiero un abrigo como ése. ➠ ¡Quién tuviera un abrigo como ése!

a. Necesito una enciclopedia.
a. ....
b. Es muy terco.
b. ....
c. Necesito saberlo.
c. ....
d. Ten buen viaje.
d. ....
e. Me hace falta un coche.
e. ....

35 La oración compuesta

1. **Completa las frases con los enlaces del cuadro (no olvides modificarlas cuando sea necesario):**

Sino	Ni	Y	O	Otros	Unos	No	Y

a. Necesitamos una mesa para siete .... ocho personas.

b. No lo sé .... me interesa saberlo.

c. Mientras .... protestan por el cierre,.............. lo celebran.

d. Dáme aguja .... hilo .... te lo coso en un momento.

e. .... lo necesito para hoy, ... para mañana.

2. **Enlaza los elementos de las dos columnas para formar frases:**

a. O lo haces   1. *ni deja dormir.*

b. Ni duerme   2. *pero muy tacaño.*

c. No me lo pidas a mí,   3. *o no te vuelvo a ver.*

d. Es muy rico   4. *y se va a pasear.*

e. Termina de comer   5. *sino a él.*

3. **Transforma estas oraciones en interrogativas indirectas:**

a. ¿Vendrá Pablo a esperarnos?

a. ....

b. ¿ Qué periódico has comprado?

b. ....

c. ¿Llegaremos a tiempo?

c. ....

d. ¿Dónde ponen la película?

d. ....

e. ¿Por qué no vienes con nosotros?

e. ....

4. **Conjuga el verbo en indicativo o subjuntivo, según sea necesario:**

a. No es seguro que Juana (venir) esta noche.

a. ....

b. Está claro que ellos (quererse) quedar.

b. ....

c. Te prohíbo que (volver) a verle.

c. ....

d. Es mejor que vosotros (quedarse) en casa.

d. ....

e. Me gusta que tú (decir) lo que piensas.

e. ....

5. Completa las frases enlazando las dos columnas:

a. Ya lo sabemos, no hace falta   1. *que fuéramos a verle.*
b. Nos aconsejaron   2. *que tiene razón.*
c. Creo   3. *que nos lo repitas.*
d. Sentiría mucho   4. *que lo hagan como les digo.*
e. Les ordeno   5. *que te fueras tan pronto.*

6. Señala la respuesta correcta:

a. Le daremos todo ☐ **las que** pida.
   ☐ **lo que**
   ☐ **los que**

b. Fue por aquella calle ☐ **de donde** le vi.
   ☐ **en que**
   ☐ **por donde**

c. ¿Fueron ellos ☐ **quienes** te lo dijeron?
   ☐ **que**
   ☐ **los cuales**

d. La semana ☐ **quien** viene tendremos una reunión.
   ☐ **que**
   ☐ **cual**

e. ☐ **Lo que** no lo diga no quiere decir que no lo sepa.
   ☐ **Quien**
   ☐ **El que**

7. Transforma según el modelo:

> Ej.: Leo un libro. Es muy interesante.
> ➠ **El** libro **que** leo es muy interesante.

a. Compras bebidas. Son muy caras.

a. ....

b. Hacen un problema. Es muy difícil.

b. ....

c. Oyen música. Es preciosa.

c. ....

d. Dicen algo. No lo oigo bien.

d. ....

e. Coleccionan discos. Son de música clásica.

e. ....

8. Transforma en oraciones concesivas con Aunque y el verbo en indicativo o subjuntivo, según el sentido de la frase:

> Ej.: Ella se enfada. Yo se lo digo. ➠ **Aunque** se **enfada**, se lo digo.
> Saldrás tarde. Pasa por casa. ➠ **Aunque salgas** tarde,
> pasa por casa.

a. Mi padre no irá. Nosotros sí iremos.

a. ....

b. Tú se lo pedirás. Ellos no te lo darán.

b. ....

c. Ha pedido un aumento. No se lo han dado.

c. ....

d. Lloverá. Saldré.

d. ....

e. No nos abren. Están en casa.

e. ....

9. Completa con las partículas adecuadas para obtener oraciones subordinadas abverbiales:

a. Final: Llámame .... quedemos.
b. Causal: Se le ha hecho tarde .... no ha sonado el despertador.
c. Consecutiva: Tiene fiebre, ... debe quedarse en la cama.
d. Modal: Los clasificaremos .... su importancia.
e. Temporal: .... cena, se acuesta.

10. Completa con el enlace adecuado:

Que	Aunque	Y	Que	Pero	Quien	Qué	Que

Recuerdo .... poco después volvió Josefa. Tú no la querías en casa. No sé de .... manera, ... la echaste....Josefa salió a la carretera, de noche, sola con su maleta. Por primera vez escuché a mamá pedirte .... te marcharas tú también. Y al día siguiente, por la mañana, muy temprano, fuiste tú precisamente .... descubrió a aquella mujer .... yo también aborrecía. Aún dormía, a pesar de la luz del día, tumbada en la cuneta, al borde de la carretera, frente a la casa .... sujetando su maleta con una mano... .... nunca la quise, se despertó en mí un sentimiento desapacible hacia ella, mezcla de temor y de lástima ...

Ejercicios comunicativos

1 **U**sos sociales de la lengua

1 **Enlaza las expresiones de idéntico significado:**

a. ¡Qué va!
b. ¿Qué es de tu vida?
c. Disculpe.
d. ¡Suerte!
e. ¡Hasta la próxima!

1. *¡Que te vaya bien!*
2. *¡Hasta otra!*
3. *¿Qué te cuentas?*
4. *¡En absoluto!*
5. *Dispense.*

2 **¿Cómo contestarías a las siguientes expresiones?:**

a. ¿Le importa que me siente?
b. Siento mucho lo ocurrido.
c. Le ruego que se calle.
d. ¡Que sea enhorabuena!
e. ¿Qué hay?

a. ....
b. ....
c. ....
d. ....
e. ....

3 **Transforma en formal el siguiente diálogo informal:**

a. Mira, éste es Paco.
b. ¿Qué tal?
c. Bien, ¿y tú?
b. Encantado de conocerte.
c. Igualmente.

a. ....
b. ....
c. ....
b. ....
c. ....

4 **Enlaza cada expresión con su correspondiente respuesta:**

a. Tanto gusto.
b. ¡Hola!, ¿qué hay?
c. ¿Le molesta que abra la ventana?
d. Gracias por todo.
e. ¿Podría venir un momento?

1. *Ya ves, como siempre.*
2. *Ábrala, ábrala.*
3. *Ahora mismo voy.*
4. *El gusto es mío.*
5. *No las merece.*

5 **¿Cómo le pedirías a un amigo que te ayudara a hacer los problemas de matemáticas? ¿Cómo le darías las gracias por ello? Escribe un mini-diálogo entre los dos:**

Tú: ....   *Tu amigo:* ....
Tú: ....   *Tu amigo:* ....

6 **Ordena el siguiente diálogo:**

a. Disculpe, pero no puedo concentrarme.
b. ¡Por supuesto que no!
c. Es muy amable de su parte.
d. ¿Le importaría bajar la música?
e. No tiene por qué disculparse.

1. ....
2. ....
3. ....
4. ....
5. ....

En esta sopa de letras se han escondido 6 expresiones. Búscalas y clasifícalas en la columna correspondiente:

U	N	F	T	N	E	U	S	P	L	R	F	L	O
A	E	E	H	C	E	V	O	R	P	A	E	U	Q
U	V	L	E	R	D	O	N	O	T	O	I	N	O
P	R	I	E	H	E	Y	M	O	R	E	E	A	T
A	M	Z	C	H	C	U	I	D	A	T	E	I	S
F	S	N	L	F	O	P	E	A	I	A	P	X	U
S	G	A	E	D	I	D	R	T	L	M	F	H	G
Z	R	V	B	A	S	H	O	N	I	I	S	L	O
T	C	I	E	B	L	A	M	A	T	N	U	E	T
L	E	D	H	O	R	A	B	C	E	A	A	S	N
C	H	A	P	A	L	O	O	N	O	N	R	O	A
Y	J	D	E	D	O	P	M	E	N	U	L	G	T

Deseos

....

....

....

....

....

Felicitaciones

....

....

....

....

....

Presentaciones

....

....

....

....

....

8 **Enlaza cada respuesta con su expresión correspondiente:**

a. Encantado.

b. Muchas gracias. La necesito.

c. Nada especial.

d. No hay de qué.

e. ¡Cómo no!

1. *¿Me harías un favor?*

2. *Se lo agradezco mucho.*

3. *Te presento a Pablo.*

4. *¡Suerte para la entrevista!*

5. *¡Hola!, ¿qué es de tu vida?*

9 **En esta serie de expresiones se han mezclado las formales con las informales. Sepáralas y di cuáles utilizarías con un amigo y cuáles emplearías para dirigirte a un desconocido:**

1. ¿Haría Vd. el favor de ayudarme?

2. Siento mucho lo que te ha pasado.

3. Escúchame, por favor.

4. Es muy amable de su parte.

5. Disculpe.

6. Éste es mi tío.

7. ¡Que descanses!

8. Tenga la bondad de cerrar la puerta.

9. ¡Nos llamamos!

10. Con su permiso, quisiera salir.

Amigo

....

....

....

....

....

Desconocido

....

....

....

....

....

10 **Vas al cumpleaños de un amigo. Al llegar,**

a. **saludas** a los invitados (también amigos tuyos): ....

b. **felicitas** a tu amigo: ....

c. y tu amigo **te da las gracias**: ....

2 **P**edir información

P
E
D
I
R

I
N
F
O
R
M
A
C
I
Ó
N

1 Formula de manera indirecta las siguientes preguntas:

a. ¿Puede ayudarme?
b. ¿Quieres venir conmigo?
c. ¿Os apetece comer fuera?
d. ¿Cuándo llega Ana?
e. ¿Has tomado una decisión?

a. ....
b. ....
c. ....
d. ....
e. ....

2 Formula todas las preguntas cuyas respuestas encuentres en el siguiente anuncio:

ALQUILO piso amueblado, barrio de Chamberí. Salón comedor, tres dormitorios, dos cuartos de baño más servicio, perfectamente equipado, piscina, tenis, garaje, teléfono, 100.000 mensuales. Tels.: 504 15 29 y 504 12 33.

Ej.: *¿Qué se alquila?*

a. ....
b. ....
c. ....
d. ....
e. ....

f. ....
g. ....
h. ....
i. ....
j. ....

3 Pregunta lo que quieras saber sobre el piso que no figure en el anuncio:

Ej.: *¿Está en el centro de la ciudad?*

a. ....
b. ....
c. ....

d. ....
e. ....

4 Ahora redacta una nota para la persona que quisiera compartir contigo el piso, describiéndoselo:

....
....
....

5 Escribe las preguntas que harías en la siguiente situación:

a. Llevas el coche al taller. No sabes si pueden arreglártelo.
a. ....

b. Quieres que te lo arreglen lo antes posible.
b. ....

c. Te gustaría saber lo que te va a costar el arreglo.
c. ....

d. Pides que te avisen por teléfono cuando esté listo.
d. ....

e. Necesitas otro coche mientras tanto, pero ignoras si podrán prestarte uno.
e. ....

6 Lee este texto:

La Costa del Sol es una zona privilegiada que abarca gran parte del litoral sur de Andalucía. Su clima mediterráneo le da un ambiente templado y suave, ideal para el descanso. No en vano pueblos como los fenicios, griegos, romanos o árabes se asentaron en ella y legaron sus culturas. Como complemento de este patrimonio, la Costa del Sol se ha enriquecido con un amplio abanico de servicios, tanto en lo concerniente a hostelería como a la práctica de deportes o a la simple diversión o descanso, que hacen de esta zona el paraíso del visitante.

Formula ahora las preguntas relativas a:

a. Ubicación de la Costa del Sol.

a. ....

b. Clima.

b. ....

c. Pueblos colonizadores.

c. ....

d. Otros atractivos.

d. ....

7 **Llaman por teléfono. Es para tu padre, que no está en casa. Pide información sobre:**

a. La persona que le llama: ....

b. El objeto de su llamada: ....

c. Su número de teléfono: ....

d. El día que se le puede llamar: ....

e. La hora a la que se le puede llamar: ....

8 **Visitas una ciudad por primera vez. Vas a la Oficina de Turismo para informarte sobre dicha ciudad. Imagina lo que preguntarías:**

a. ....

b. ....

c. ....

d. ....

e. ....

9 **Formula la misma pregunta directa de manera diferente:**

a. ¿En qué día estamos?   a. ....

b. ¿Llevas mucho tiempo aquí?   b. ....

c. ¿Por dónde se va a la catedral?   c. ....

d. ¿Por qué sitio se llega antes?   d. ....

e. ¿A qué distancia estamos de Sevilla?   e. ....

10 **Asocia cada pregunta con el tema al que pueda pertenecer:**

a. ¿Y eso cae por aquí?	1. *Finalidad.*
b. ¿Para qué es eso?	2. *Tiempo.*
c. ¿A cómo sale el metro?	3. *Ubicación.*
d. ¿De dónde sale esto?	4. *Precio.*
e. ¿Cuánto tardará?	5. *Origen.*

Expresar gustos y opiniones

Confidencias sobre EMILIO ARAGÓN

De payaso de circo ha pasado a ser el *showman* más codiciado de la tele, como lo demuestra su paso por TVE, Canal Sur, Tele 5 y Antena 3.

Sus comidas preferidas son la paella, la fabada y el arroz a la cubana. En cuanto a la bebida, se decanta por el tinto y el agua. Se declara degustador nato de la Coca-Cola.

Políticamente se define ecologista. Defiende todo lo relacionado con la mejora del medio ambiente, pero no milita en ningún partido.

Es muy supersticioso. El amarillo le horroriza y suele tocar los objetos hasta cuatro veces.

Intentó estudiar Medicina, pero a los dos meses se rindió. Luego fue piloto comercial. Al final se quedó con la música. De hecho, se considera músico por encima de todo.

Sus *hobbies* son la familia y el fútbol. De esto último, le gusta tanto jugarlo como verlo. De pequeño era del Atlético de Madrid. Después se decantó por el Real Madrid, y ahora de nuevo es un auténtico forofo del Atlético.

Le encanta el cine. Su película fetiche es *Al este del Edén.* Entre sus actores preferidos se encuentran Jack Lemmon, Al Pacino y Cary Grant.

En cuanto a sus gustos musicales, entre los clásicos se queda con Prokofiev y Bach, y de los contemporáneos, se deleita con Chick Corea, Oscar Peterson, Peter Gabriel y Phil Collins.

También es muy aficionado a la lectura. Acostumbra a leer tres o cuatro libros simultáneamente. Le encanta la poesía de José Kotzer.

Entre los artistas plásticos, prefiere sin duda alguna a Vincent Van Gogh.

Le gustaría irse de vacaciones al Caribe, especialmente a Cuba.

Para él la mujer ideal tiene que ser inteligente, comprensiva, guapa y femenina. Cree que tiene mucha suerte porque su esposa reúne todas esas cualidades.

La televisión le parece apasionante.

Es un gran coleccionista de pins. La mayoría de los que tiene son regalados.

Su sueño dorado es dedicarle el 90% de su tiempo a su familia y el 10% restante a colaborar con Phil Collins, grabar con Sting y, si viviese Sammy Davis Junior, hacer un especial con él.

1 **Busca en el texto:**

a. Tres fórmulas que expresen gustos.
1. ....
2. ....
3. ....

b. Tres fórmulas que introduzcan una opinión.
1. ....
2. ....
3. ....

c. Una fómula que exprese aversión.
1. ....

2 Ahora sustituye las expresiones encontradas en el texto por otras equivalentes:

a. Tres fórmulas que expresen gustos.

1. ....
2. ....
3. ....

b. Tres fórmulas que introduzcan una opinión.

1. ....
2. ....
3. ....

c. Una fómula que exprese aversión.

1. ....

3 Utilizando una expresión diferente para cada una de ellas, anota las preferencias de Emilio Aragón en: comida, bebida, música, deporte:

> Ej.: En cine, *lo que más le gusta es "Al este del Edén"*.

a. Comida:...
b. Bebida:...
c. Música:...
d. Deporte: ....

4 Ahora compara tus preferencias con las suyas, manifestando gusto o aversión:

> Ej.: *A Emilio Aragón le encanta el cine.* ➡ A mí no. No me atrae nada.

a. Emilio Aragón adora la fabada.
a. ....
b. Sus bebidas preferidas son: el vino tinto, el agua y la Coca-Cola.
b. ....
c. A Emilio Aragón le gusta la música clásica.
c. ....
d. A Emilio Aragón le vuelve loco el fútbol.
d. ....

5 Contesta a las siguientes preguntas, empleando las distintas fórmulas de expresión de la opinión que conozcas:

a. ¿Qué opina Emilio Aragón de la televisión?
a. ....
b. Y tú, ¿qué piensas de ella?
b. ....
c. Emilio Aragón parece ser bastante supersticioso. ¿Qué te parece a ti eso de la superstición?
c. ....
d. A Emilio Aragón le gusta mucho leer, ¿y a ti?
d. ....
e. ¿Te gusta el cine también a ti?
e. ....

6 Reconstruye las frases eligiendo entre las expresiones que puedan sustituir a las señaladas:

Lo que más le gusta es	Para él, no hay nada como	Le gustaría
Prefirió		Le entusiasma

> Ej.: *Es un* auténtico *forofo del* Atlético. ➡ *Para él, no hay nada como* el Atlético.

a. Al final, *se quedó con* la música.

a. ....

b. *Se deleita con* Chick Corea.

b. ....

c. *Se decanta por* el tinto y el agua.

c. ....

d. *Su sueño dorado es* dedicarle el 90% de su tiempo a su familia.

d. ....

7 Asocia cada afirmación con su correspondiente pregunta:

a. Le gustaría ir al Caribe,　　　　　　1. *¿y el tuyo?*

b. Su pintor preferido es Van Gogh,　　2. *¿cómo lo ves?*

c. Creo que debe tener mucho humor,　3. *¿y tú?*

d. La mujer ideal, guapa y femenina,　　4. *¿a ti no?*

e. No milita en ningún partido político,　5. *¿no te parece?*

8 Contesta a las preguntas del ejercicio 7, manifestando acuerdo o desacuerdo:

a. ....

b. ....

c. ....

d. ....

e. ....

9 Expresando gusto, aversión o indiferencia, haz comentarios sobre los siguientes temas:

a. La política:..

b. El fútbol:...

c. La poesía: ....

d. La familia: ....

e. Los programas de humor:...

10 Pídele opinión a nuestro personaje sobre otros 5 temas de los que no haya hablado (no olvides emplear una fórmula distinta para cada pregunta):

a. ....

b. ....

c. ....

d. ....

e. ....

4 Proponer y dar órdenes

1 **Pon este anuncio en segunda persona del plural:**

> Busque, compare, y si encuentra un juego más divertido, cómprelo.
> *Slogan* es el gran juego de los *spots* publicitarios, donde gana quien más anuncios recuerda. Para divertirse como nunca con sus amigos. Y sin necesidad de hacer *zapping*.

....

....

....

2 **Transforma estas obligaciones u órdenes en consejos, introduciendo las frases con** *te aconsejo que*:

a. Tienes que recordar los anuncios.   a. ....

b. ¡Diviértete!   b. ....

c. ¡Cómpralo!   c. ....

d. ¡Juega!   d. ....

e. Debes probar.   e. ....

3 **Utilizando el imperativo, dile a tu amigo:**

a. Que te explique el juego.

a. ....

b. Que te lo vuelva a explicar, porque no lo has entendido bien.

b. ....

c. Que te dé el peón rojo.

c. ....

d. Que te deje ver antes alguna pregunta.

d. ....

e. Que te ayude en la primera partida.

e. ....

4 **Transforma las siguientes obligaciones en órdenes:**

> Ej.: Es necesario que lo hagas. ➥ *¡Hazlo!*

a. Debéis guardar silencio.   a. ....

b. Ha de empezar a las 7.   b. ....

c. Tienen que salir temprano.   c. ....

d. Hace falta que Vd. arregle la avería.   d. ....

e. Hemos de portarnos bien.   e. ....

5 Completa las frases con una fórmula que exprese obligación:

a. Miguel .... quedarse unos días en la cama.
b. .... que pidáis hora antes de ir.
c. Lo siento, señores, pero .... esperar.
d. ¿.. reservar con mucha antelación?
e. .... subir más leña.

6 Pon los verbos dados en el modo y la persona que corresponda para completar estas instrucciones sobre el funcionamiento de la batidora:

a. (*Situar*) .... el selector de velocidad en la posición correspondiente al uso que vaya a realizar: nata, merengues, mayonesa, purés, etc.

b. (*Introducir*) .... la varilla de la batidora en el recipiente. (*Apretar*) .... la tecla verde y la batidora funcionará a la velocidad por Vd. programada.

c. Si por la función que vaya a realizar (nata, merengue, etc.) fuera necesario utilizar el accesorio batidor, (*colocarlo*) .... siguiendo las instrucciones de "cambio de accesorio".

d. Para realizar estas funciones, (*mantener*) .... la batidora desconectada de la red.

7 Teniendo en cuenta las instrucciones dadas en el ejercicio 6, di lo que *es necesario que hagamos* antes de poner en funcionamiento la batidora:

a. *Es necesario que* ....
b. ....
c. ....
d. ....

8 Lee esta oferta de empleo y di lo que es obligatorio y lo que es aconsejable para ocupar este puesto de trabajo:

EMPRESA radicada en Madrid, necesita:
JEFE DE ADMINISTRACIÓN

Se requiere:
- ✔ Mínimo de cinco años de experiencia en puesto similar.
- ✔ Capacidad de gestión y de dirección de personal.
- ✔ Formación adecuada.

Se valorarán:
- ✔ Nivel académico.
- ✔ Formación complementaria.
- ✔ Experiencia en gestión ante organismos oficiales.

Interesados, remitir currículum al señor Gómez. C/ Leñeros, número 33, 28015 Madrid

---

Ej.: *Es obligatorio que* se tenga experiencia en un puesto similar.
Es aconsejable tener un buen nivel académico.

a. ....

b. ....

c. ....

d. ....

e. ....

9 **Expresa estas mismas prohibiciones con un imperativo negativo:**

> Ej.: Le prohíbo hablarme así. ➡ *¡No me hable así!*

a. Os prohíbo entrar.

b. Les prohíbo hacerlo.

c. No te permito traer al perro.

d. No tiene derecho a protestar.

e. Te prohíbo volver a repetirlo.

a. ....

b. ....

c. ....

d. ....

e. ....

10 **Transforma según el modelo:**

> Ej.: No corran, se lo aconsejo. ➡ *Les aconsejo que no corran.*

a. ¡Ven aquí, te lo ordeno!

b. Cállate, es mejor.

c. Compradlo, os lo aconsejo.

d. Ve a verla, te lo sugiero.

e. Váyanse, se lo suplico.

a. ....

b. ....

c. ....

d. ....

e. ....

5 **E**xpresión del futuro

1 Convierte los futuros de estas frases en presentes con valor de futuro:

a. Terminaré ese trabajo mañana.
b. Se comprarán el coche el mes que viene.
c. Nos iremos a Portugal en abril.
d. Pondrán lista de bodas en varios comercios.
e. Se casarán en primavera.

a. ....
b. ....
c. ....
d. ....
e. ....

2 Transforma los futuros del ejercicio anterior en futuros próximos:

a. ....
b. ....
c. ....
d. ....
e. ....

3 Completa las frases con un futuro:

> Ej.: Si dice que no le sienta mal, *no le sentará mal.*

a. Si ha dicho que viene, ...
b. Si puede hacerlo, ...
c. Si me dejan salir, ...
d. Si nos está permitido entrar, ...
e. Si tiene tiempo de escribir, ...

4 Expresa suposición poniendo los verbos señalados en futuro:

> ¿Qué *quiere* ahora? *Viene* otra vez a molestar a la hora de comer. *Ha* vuelto a tener problemas, seguro. No le *dejes* entrar. *Dile* que estamos comiendo y que le *llamamos* y *quedamos* en cuanto podamos. A lo mejor así se *siente* molesto, le *da* un poco de vergüenza y se *va.*

....
....
....
....

5 ¿Todos los futuros del ejercicio anterior expresan suposición? ¿Cuáles no? Escríbelos y di lo que expresan:

....
....
....
....

6 Redacta la siguiente frase de otras 5 formas que te permitan expresar lo mismo:

A lo mejor está enfadado.

a. .... d. ....
b. .... e. ....
c. ....

7 Contesta a las preguntas expresando probabilidad:

a. ¿Cree Vd. que lloverá?   a. ....
b. ¿Piensas suscribirte?   b. ....
c. ¿Tienes intención de presentarte al examen?   c. ....
d. ¿Tienes pensado quedarte mucho tiempo?   d. ....
e. ¿Estás decidida a llamarle?   e. ....

8 Expresa probabilidad en el pasado:

> Ej.: ¡Es increíble!
> ¿Por qué (*hacer - él*) eso? ➠ *¿Por qué habrá hecho eso?*
> Ej.: No se dijeron nada,
> ¿(*estar - ellos*) enfadados? ➠ *¿estarían enfadados?*

a. No encuentro mi pulsera, ¿dónde (*ponerla - yo*)?
a. ....

b. Aquella noche no nos abrió. (*Estar - él*) durmiendo.
b. ....

c. No están en ningún sitio, ¿dónde (*meterse - ellos*)?
c. ....

d. No ha vuelto a cenar. (*Invitar - a él*) algún amigo.
d. ....

e. (*Ser*) las dos cuando llegó.
e. ....

9 Transforma los imperativos del texto en futuros:

Para evitar peligros en las playas:

> Ej.: Procure bañarse en zonas vigiladas. ➠ *Procurará* bañarse en zonas vigiladas.

1. Respete las banderas.
1. ....

2. No intente nadar contra la corriente. Hágalo paralelamente a la playa.
2. ....

3. No se tire al agua de cabeza en lugares de fondo desconocido o poco profundo.
3. ....

4. No entre al agua bruscamente después de tomar el sol. Mójese primero las muñecas, el abdomen y la nuca.

4. ....

5. Evite bañarse mientras hace la digestión.

5. ....

6. Salga del agua si nota escalofríos acompañados de enrojecimientos de la piel, sensación de fatiga, dolor de cabeza o calambres musculares.

6. ....

7. Vigile a los pequeños. No les permita alejarse de la orilla.

7. ....

10 **Dales un valor condicional a las siguientes frases, introduciéndolas con *Cuando* y *Mientras no*:**

> Ej.: Haremos las maletas y nos iremos:
> 1. *Cuando* hagamos las maletas, nos vamos.
> 2. *Mientras no* hayamos hecho las maletas, no nos iremos.

a. Vendrá y se lo diré.

a. ....

a. ....

b. Terminará la reunión y saldré para París.

b. ....

b. ....

c. Comerá y dormirá la siesta.

c. ....

c. ....

d. Llegará Antonio y nos enteraremos de lo que pasó.

d. ....

d. ....

e. Nos informaremos y lo pediremos.

e. ....

e. ....

6 El estilo indirecto

1 Pronto va a ser tu cumpleaños. Has invitado a varios amigos tuyos. Lee la carta que acabas de recibir de Antonio, uno de ellos, y cuéntanos qué te dice:

> Querido Emilio:
>
> Siento mucho no poder ir a tu fiesta de cumpleaños. Ya sabes que me hubiera encantado, pero ese mismo día tengo una cita muy importante, por asuntos de trabajo.
>
> Espero que al menos podré llamarte. Perdóname si no lo hago.
>
> Por si acaso, aprovecho la ocasión para felicitarte con antelación.
>
> Un abrazo. ¡Hasta pronto!
>
> *Enrique.*

Me dice que ....

....

....

....

2 Los demás asistentes a tu fiesta te preguntan lo que ponía Antonio en su carta:

Ponía que ....

....

....

3 Contesta a las preguntas:

Será preciso que salgamos temprano.

a. ¿Qué dice?　　　　　　　a. ....

b. ¿Qué ha dicho?　　　　　b. ....

c. ¿Qué decía?　　　　　　　c. ....

d. ¿Qué dijo?　　　　　　　d. ....

4 ¿Qué te dijeron?:

> Ej.: *Tu marido:* No quiero quedarme más tiempo aquí. ➠ *Mi marido me dijo que no quería quedarse más tiempo aquí.*

a. *Tu profesor:* Salga de clase inmediatamente.

a. ....

b. *Concha:* ¡Vete!

b. ....

c. *En la Facultad:* Tiene que traer Vd. una póliza.

c. ....

d. *En el museo:* No se pueden hacer fotos.

d. ....

e. En clase: Haga el favor de callarse.

e. ....

5 **Recuerda lo que nos decías de pequeño:**

Cuando yo sea mayor,

a. tendré un montón de coches,

b. que fabricaré yo mismo,

c. serán los más bonitos del mundo,

d. os los prestaré si os portáis bien,

e. os llevaré a donde queráis.

De pequeño, nos decías que

a. ....

b. ....

c. ....

d. ....

e. ....

6 **Transforma los tiempos verbales con relación al adverbio de tiempo utilizado:**

"Hoy te digo que lo hago."

a. Esta mañana te .... que lo ....

b. Anoche te .... que lo ....

c. Mañana te .... que lo ....

7 **Un grupo de alumnos van de viaje de estudios. Como son muy curiosos, no paran de preguntar:**

a. ¿Qué es aquello?

b. ¿A quién podrá representar esa estatua?

c. ¿Por dónde se va al centro?

d. ¿Alguien sabe volver al hotel?

e. ¿Qué lleva la comida? ¿Es típica de la región?

¿Qué preguntaron?

a. ....

b. ....

c. ....

d. ....

e. ....

8 **Hace un mes encontrabas estos anuncios en una revista:**

a. Cada vez que quieras sentir el cine de cerca, entra en la UNO..., te convertirás en un espectador de Primera. TVE-1. La Primera.

b. Cada vez que busques información, entra en la UNO..., te convertirás en un espectador de Primera. TVE-1. La Primera.

c. Viaja en un tren hotel. Y... llega a tu destino como una rosa. RENFE. En tu misma dirección.

d. Sube a lo más alto. A la alta velocidad. Sube al AVE... . AVE: Alta Velocidad Española. RENFE.

¿Recuerdas aún lo que decían?

a. Decía que cada vez que ....

....

b. ....
....
c. ....
....
d. ....
....

9 **Corrige los errores que encuentres:**

> Ej.: *Ábreme.* Dice que le *abriste.* ➡ Dice que le *abras.*

a. *No seas tan ambicioso.* Dijo que no serías tan ambicioso.
a. ....

b. *El verano pasado estuvimos en Marruecos.* Dijo que el verano pasado habrían estado en Marruecos.
b. ....

c. *No creo que vengan.* Dijo que no creía que vengan.
c. ....

d. *El viernes no podré ir a esperarle.* Dice que el viernes no podría ir a esperarle.
d. ....

e. *Parece mentira que lo haya hecho solo.* Dijo que parecerá mentira que lo hubiera hecho solo.
e. ....

10 **Pon las siguientes frases en estilo indirecto, introduciéndolas con *Dijo que:***

a. Lo que me ha dicho me ha sentado muy mal.
a. ....

b. Iré a Venecia el próximo carnaval.
b. ....

c. Me encuentro fatal.
c. ....

d. Tal vez vaya a la playa el sábado.
d. ....

e. ¡Que no griten tanto!
e. ....

7 Expresar causa, consecuencia e hipótesis

1 **Desmiente las siguientes causas:**

> Ej.: ¿Es que no estás bien aquí? *(Tener que irme).* ➠
> *No es que* no esté bien, *sino que* tengo que irme.

a. Los niños no comen, ¿es que no les gusta la comida? *(No tener hambre).*
a. ....

b. ¿Estás enfadado? *(Dolerme la cabeza).*
b. ....

c. ¿Qué haces? ¿Es que tenéis invitados? *(Apetecerme hacer un pastel).*
c. ....

d. ¿Por qué te pones los zapatos? ¿Es que piensas salir ahora? *(Estar probándomelos).*
d. ....

e. ¿Cómo no te has ido aún? ¿Es que hoy no trabajas? *(Empezar un poco más tarde).*
e. ....

2 **Transforma las probabilidades en causas propiamente dichas:**

> Ej.: No quiero comer más dulces. Me sentarían mal. ➠
> No quiere comer más dulces *por miedo* a que le sienten mal.

a. Está preocupado. Será el trabajo.
a. ....

b. El autobús no viene. Hay huelga.
b. ....

c. El coche no arrancó. Se le había descargado la batería.
c. ....

d. Le ha comprado un regalo. Será su santo.
d. ....

e. Ha salido. Tenía que ir al banco.
e. ....

3 **Transforma según el modelo, utilizando una expresión que corresponda a la idea indicada entre paréntesis:**

> Ej.: *(causa propiamente dicha)* Ha salido todo bien. Me alegro. ➠
> Me alegro *de que* haya salido todo bien.

a. *(causa propiamente dicha)* No ha llamado aún. Están preocupados.
a. ....

b. (constatación de la causa). No pueden venir ellos. Iremos nosotros.

b. ....

c. (consecuencia). No quedan billetes. No podemos salir hoy.

c. ....

d. (consecuencia como resultado). Trabaja mucho. Nunca está en casa.

d. ....

e. (suposición). Vienen sin avisar, ¿tenemos bastante comida?

e. ....

4 **Completa las frases eligiendo entre las expresiones dadas:**

Gracias a		A fuerza de		De tanto
	Por culpa de		A base de	

a. Está afónica .... gritar.
b. Hemos tenido un accidente .... un perro.
c. Ha adelgazado mucho .... no comer.
d. Ha encontrado trabajo .... su tío.
e. Hemos podido conseguirlo .... tiempo.

5 **Marca con una cruz lo que indica cada una de las expresiones señaladas:**

	Causa	Consecuencia	Hipótesis
a. *Con ir,* quedarás bien.	☐	☐	☐
b. Me quedo *por si* viene.	☐	☐	☐
c. Corre, *que* se va el tren.	☐	☐	☐
d. Tengo una cita a las 7, *conque* tengo que irme ya.	☐	☐	☐
e. *Con que* me escriba, me conformo.	☐	☐	☐

6 **Une las dos frases expresando el resultado con *tan (tanto) que*:**

> Ej.: Es muy antipático. Nunca me saluda. ➠ Es *tan* antipático *que* nunca me saluda.

a. Llegamos muy tarde. No nos dejaron entrar.

a. ....

b. Habla mucho. No deja a nadie intervenir.

b. ....

c. Han vendido muchos libros. Se ha agotado la edición.

c. ....

d. Bromea mucho. Nunca se sabe cuándo habla en serio.

d. ....

e. Son muy alegres. Da gusto estar con ellos.

e. ....

7 Contesta expresando probabilidad:

> Ej.: ¿Abrirán hoy las tiendas? *Quizás* las abran.

a. ¿Crees que se irán pronto?
b. ¿Piensas que podrá recibirme hoy?
c. ¿Vas a decírselo todo?
d. ¿Podrán quedarse?
e. ¿Llamarán hoy?

a. ....
b. ....
c. ....
d. ....
e. ....

8 Informa a tus compañeros de los siguientes rumores:

Has oído decir que:

a. La profesora de inglés que os ha tocado este curso tiene mal genio.
a. ....

b. Los de Derecho van a hacer huelga.
b. ....

c. Van a ampliar la biblioteca durante el curso.
c. ....

d. Han arreglado el restaurante universitario y lo han dejado muy bien.
d. ....

e. La asistencia a todas las conferencias será obligatoria.
e. ....

9 Expresa los mismos deseos de forma personal:

a. ¡A ver si llueve!
b. ¡Quién pudiera ir a París!
c. ¡Ojalá aprobara Ramón!
d. ¡Quién pudiera beber algo fresco!
e. ¡A ver si me dan hoy el resultado!

a. ....
b. ....
c. ....
d. ....
e. ....

10 Enlaza cada frase con el tipo de condición que exprese:

a. Si no votas, serás el único.
b. Si supiera jugar al golf, jugaría.
c. Si se levanta temprano, me ayuda.
d. Si vienes, avísame.
e. Si te hubieras hecho daño,
   no habrías seguido corriendo.

1. C. *realizada.*
2. C. *realizable.*
3. C. *irrealizable.*
4. C. *posible en el futuro.*
5. C. *realizable.*

8 Situar en el tiempo

1 Lee el texto y anota todas las expresiones relativas al tiempo que figuren en él:

La pregunta que vale millones:

¿Hago una carrera tradicional o la de Piloto de Líneas Aéreas?

Carrera Tradicional:

1er año: ¡Enhorabuena!, ya has aprobado la Selectividad. Por ahora, has conseguido entrar en la Universidad y empezar una carrera.

2° año: Continúas con tu formación. Recuerda matricularte de las asignaturas que te quedan del curso pasado.

3er año: Estás en el ecuador de la carrera. Dentro de dos años terminarás, si todo va bien. Por cierto, Javier ya es Piloto de una Línea Aérea y ha dado la vuelta al mundo.

4° año: Para tus gastos y algún capricho, has conseguido un "trabajillo" por las tardes que no te quita demasiado tiempo para estudiar.

5° año: Ahora te plranteas seriamente las posibilidades que tienes cuando acabes. ¿Harás el doctorado, algún master de prestigio?

Carrera de Piloto de Líneas Aéreas:

1er año: Estás en el momento ideal para despegar. Sólo necesitas COU y te verás en la Universidad de Salamanca realizando la carrera que siempre quisiste hacer. Las clases prácticas impartidas por los instructores más expertos, con los aviones y los simuladores más avanzados (los mismos con los que formamos pilotos para Iberia). Con un aeródromo privado para ti y el espacio aéreo reservado para la formación. Y a los 10 meses ya serás capaz de pilotar un avión.

2° año: Un título otorgado por la Universidad de Salamanca. Una formación ajustada a la línea que marca la CEE. No olvides que SENASA, una de las escuelas más prestigiosas del mundo, cuenta con la experiencia de haber formado a más de 600 pilotos, que, en su mayoría, trabajan hoy en Líneas Aéreas.

Al cabo de 19 meses, ¡enhorabuena!, ya eres Piloto capacitado para volar con cualquier Línea Aérea y llegar a ser Comandante, de la mano de SENASA. El esfuerzo y la inversión han merecido la pena.
SENASA. Sociedad Estatal para las Enseñanzas Aeronáuticas.

2 Clasifica las expresiones que hayas encontrado, según sitúen la acción:

a. En el tiempo en general:..

b. En el presente:..

c. En el pasado:..

d. En el futuro:...

e. Definan la frecuencia de la acción:...

3 Clasifica las sucesivas etapas por las que tienes que pasar para hacer una carrera tradicional:

> Ej.: *En primer lugar*, tienes que aprobar la Selectividad.

1. ....
2. ....
3. ....
4. ....
5. ....

4 Contesta a las preguntas:

a. ¿Cuánto tiempo se tarda en hacer una carrera tradicional?
a. ....

b. ¿En cuántos meses puedes ser capaz de pilotar un avión?
b. ....

c. Con SENASA, ¿al cabo de cuánto tiempo puedes ser piloto oficial?
c. ....

d. ¿Desde cuándo quieres ser piloto?
d. ....

5 Completa con la expresión adecuada:

a. Estás en 4° de Medicina. .... tres años que empezaste la carrera.
b. Estás en 1° de Arquitectura. Terminarás la carrera .... cuatro años.
c. Empezaste a estudiar en 1992. En 1994, dices: .... dos años estudiando.
d. Entonces, ¿estás estudiando .... dos años?
e. Estudié Farmacia .... 1985 .... 1990.

6 Expresa cada una de estas frases de otras dos formas diferentes:

a. Hace un mes que no ha venido.
a. ....
a. ....

b. Lo tendrá listo dentro de media hora.
b. ....
b. ....

c. Desde entonces no le hemos vuelto a ver.
c. ....
c. ....

d. Estuve viviendo en Estados Unidos de los 4 a los 8 años.
d. ....
d. ....

7 Contesta negativamente a las preguntas, utilizando una expresión temporal que convenga:

a. ¿Está preparada ya la comida?   a. ....
b. ¿Siguen estudiando?   b. ....
c. ¿Llegarán temprano?   c. ....
d. ¿Está siempre de buen humor?   d. ....
e. ¿Irás hoy al banco?   e. ....

8 Da expresiones sinónimas:

a. En un santiamén.   a. ....

b. Raras veces.   b. ....

c. Actualmente.   c. ....

d. Cada vez que.   d. ....

e. Por ahora.   e. ....

9 Señala la respuesta correcta:

a. La catedral de Sevilla es ☐ **en el** siglo XV.

                             ☐ **del**

                             ☐ **durante el**

b. La Plaza de España de Sevilla existe ☐ **desde** 1929.

                                         ☐ **del**

                                         ☐ **de**

c. ¿Estuviste ☐ **alguna** vez en la Expo?

                  ☐ **una**

                  ☐ **cada**

d. La Exposición Universal de Sevilla tuvo lugar ☐ **al** 1992.

                                                   ☐ **cuando**

                                                     ☐ **en**

e. Duró 7 meses, ☐ **entre** abril *a* octubre.

                           ☐ **de**

                           ☐ **desde**

10 Corrige los errores:

a. Estaba tan normal y, nada que verle, se puso muy nervioso.

a. ....

b. Díselo tú mismo antes que se entere por otros.

b. ....

c. Llevo una semana intentado dar con él.

c. ....

d. De aquí en un mes estaremos de vacaciones.

d. ....

e. Comeremos en eso de las tres.

e. ....

9 Localización en el espacio

Esquema de la Red cedido por la Compañía Metropolitano de Madrid.

Madrid
Metro a Metro.
Horario: 6 de la mañana a 1,30 de la madrugada

1 Mira el plano del metro y completa:

a. La línea 2 va .... Ventas .... Cuatro Caminos.

b. La línea 2 pasa más .... de la Gran Vía que la línea 4.

c. Una parte de la línea 3 pasa por .... de la línea 5.

d. ¿Pasa la línea 8 .... la Plaza Castilla ?

e. La línea 5 llega .... las .... de la ciudad.

2 Fíjate bien en el sentido de estas frases antes de completarlas con *aquí / ahí / allí*:

a. Voy entrar un momento a esa farmacia de ....

b. Por fin hemos llegado. .... está la calle Serrano.

c. ¿Qué es aquello de .... ?

d. Ven, vamos a preguntarle a ese señor de ....

e. Buenas tardes, ¿es .... donde se sacan las entradas?

3 Utiliza el término adecuado para completar las frases:

a. Pontevedra está muy lejos de Málaga. Está ....

b. Murcia está muy cerca del mar. Está ....

c. Murcia es una ciudad .... al mar.

d. Madrid no está en el exterior, sino en el .... de España.

e. Madrid es una ciudad .... del mar.

4 Enlaza las expresiones que sean sinónimas:

a. Alrededor de.	1. *A un paso.*
b. De cara a.	2. *Por.*
c. En medio de.	3. *En torno a.*
d. A la vuelta de la esquina.	4. *Mirando a.*
e. A través de.	5. *Entre.*

5 Y ahora las contrarias:

a. En el quinto pino.	1. *Tras.*
b. Ante.	2. *Hacia.*
c. En algún sitio.	3. *Junto a.*
d. Desde.	4. *Pegado a.*
e. Aparte.	5. *Aquí.*

6 Corrige los errores:

a. Siga Vd. un poco más delante y verá el banco.

a. ....

b. Búscalo debajo estos papeles. Tal vez esté aquí.

b. ....

c. Guarda eso adentro del cajón.

c. ....

d. Viven en la casa de frente.

d. ....

e. Tú, quítate de en centro.

e. ....

7 **Completa con la expresión adecuada:**

a. No puedes ir .... , eso está lejísimos, en la ....
b. Todas las habitaciones dan al patio, no me queda ninguna ....
c. Esa habitación no tiene baño, pero hay uno justo ....
d. Esas novelas las pones .... , junto con éstas; aquéllas no, aquéllas déjalas ....
e. No te pongas tan cerca de la tele; ponte lo .... posible.

8 **Señala la respuesta correcta:**

a. Tiene Vd. que coger la primera calle ☐ **a la** mano derecha.
☐ **a**
☐ **a su**

b. El museo está ☐ **enfrente al** Ayuntamiento.
☐ **frente del**
☐ **frente al**

c. ¡No te pongas ☐ **en la mitad** de la carretera!
☐ **en el centro**
☐ **en medio**

d. ¿Has visto mi cepillo ☐ **por ahí?**
☐ **por allí**
☐ **por allá**

e. ¿Has mirado bien ☐ **dentro de** tu bolsa de aseo?
☐ **dentro**
☐ **adentro de**

9 **Clasifica estas expresiones según lo que indiquen:**

Hacia	Estar en	Desde	Por	Pegado a

a. Alejamiento: ....
b. Recorrido: ....
c. Proximidad: ....
d. Ubicación: ....
e. Acercamiento: ....

10 **Formula las preguntas adecuadas a las respuestas:**

a. ....
a. No, sólo conozco el norte de España.
b. ....
b. Pero cómo iba a estar en Alicante, ¡si Alicante está al sur!
c. ....
c. Pasé por la Costa Brava.
d. ....
d. No, fui en autobús.
e. ....
e. No, estaba en un hotel de las afueras.

10 Expresión de la cantidad

1 Formula todas las preguntas sobre cantidad que sean posibles acerca del siguiente texto:

Parques y jardines de Madrid

Madrid goza de grandes extensiones de zonas verdes, con un total de 33.000.000 metros cuadrados. De los cuarenta y tres parques del recinto urbano, El Retiro es el más conocido. Ocupa 119 hectáreas en el centro de Madrid y no es sólo un lugar de descanso, sino museo al aire libre, sede de exposiciones, centro de música y centro deportivo.

....
....
....
....
....

2 Completa el texto con los términos dados:

Mínima	Más	Más	Media	Algún	Extremas

El clima madrileño

La sierra de Guadarrama, a 52 kilómetros, verdadero pulmón de la ciudad, hace de la capital una de las .... sanas y saludables de Europa.

La temperatura .... anual al aire libre y a la sombra es de 13,3°C. Los veranos son largos y cálidos, sin llegar a temperaturas .... , y los inviernos, aunque la .... puede descender .... grado bajo cero, nunca llegan a ser rigurosos. Asimismo, esta barrera natural de la sierra facilita que Madrid sea también una de las capitales con .... días de sol al año.

3 Completa las preguntas con el término adecuado:

a. ¿......................... cuántos kilómetros está la Sierra de Guadarrama .... Madrid?

b. ¿Cuánto hay .... Madrid .... la Sierra de Guadarrama?

c. ¿......................... cuántos grados es la temperatura media anual?

d. ¿......................... cuánto pueden bajar las temperaturas en invierno?

4 Contesta con un término que exprese la cantidad indicada entre paréntesis:

> Ej.: ¿Está lejos? (cantidad considerable). ➡ Sí, está *bastante* lejos.

a. ¿Te ha gustado? (*cantidad media*).

a. ....

b. ¿Has repasado ya el primer tema? (*cantidad nula*).

b. ....

c. ¿Tienes tus cosas preparadas? (*cantidad indeterminada*).

c. ....

d. ¿Valdrá eso sólo un millón de pesetas? (*cantidad aproximada*).

d. ....

e. ¿Tienes tanto trabajo como el mes pasado? (*cantidad superior*).

e. ....

5 **Expresa la misma cantidad de otras formas:**

Es *un poco* raro.

a. ....

b. ....

c. ....

d. ....

6 **Transforma según el modelo (trata de utilizar las diferentes formas de restringir la cantidad que conozcas):**

> Ej.: Le gusta todo. Pero las lentejas no. ➡ Le gusta todo *menos* las lentejas.

a. Vinieron todos. Pero faltaba Andrés.

a. ....

b. Todos estaban de acuerdo. Tú no.

b. ....

c. Es amable con todos. Conmigo no.

c. ....

d. Te dejo todos los discos que quieras. Pero éste no.

d. ....

e. Todos los veranos hemos ido allí. Pero éste no hemos podido.

e. ....

7 **Elige entre *además / demás / más / otro* para completar las frases:**

a. Viene mi hermano y .... familia.

b. .... de éste, póngame .... kilo.

c. No me interesa lo de los ....

d. ¿Quiere Vd. algo ....?

e. .... de al cine, iremos al restaurante.

8 **Expresa admiración ante las cantidades:**

> Ej.: Entras al cine y en la sala hay sólo 4 espectadores. *¡Qué poca gente!*

a. Estás veraneando en la playa. Todo es perfecto, excepto que en cuanto abres las ventanas, se te llena todo de mosquitos.

a. ....

b. Asistes a una conferencia que te parece demasiado larga.

b. ....

c. Te sorprende que ese chico sea tan maleducado.

c. ....

d. Estás asombrada por la cantidad de dinero que gasta Eva. Díselo.

d. ....

e. Pleno verano en una ciudad bastante turística. Sin embargo, hay muy pocos extranjeros.

e. ....

9 **Establece comparaciones:**

> Ej.: ¡Qué grande! No me lo imaginaba así. ➡ ¡Es *más* grande *de lo que* me lo imaginaba!

a. No me habían dicho que fuera tan difícil.

a. ....

b. ¡Qué poco formales! ¡Y yo que os creía tan formales!

b. ....

c. Por fin ha parado el ruido que había esta mañana.

c. ....

d. Este es barato, comparado con el que vimos ayer.

d. ....

e. ¿Que crees que van a venir unos 100? ¡Qué va! Vendrán bastantes menos.

e. ....

10 **Sustituye las expresiones señaladas por otras equivalentes:**

a. Serán **sobre** las seis.

a. ....

b. Nos quedaremos **como mínimo** quince días.

b. ....

c. Terminaremos **como máximo** a las diez.

c. ....

d. Estábamos ya **casi en** casa.

d. ....

e. Medirá **aproximadamente** dos metros.

e. ....

3